Page de titre

Paul Talafo

Du sacerdoce lévitique Au sacerdoce du Christ, La lumière sur le salut par La grâce au moyen de la foi

―――――

Sur le fondement des apôtres et des prophètes

Job Daniel Jean

Copyright

© Paul Talafo, 2015
Edition : *Job Daniel Jean*, ministère chrétien pour l'enseignement
job.daniel.jean@gmail.com
ISBN 978-2-9545189-8-5

Sauf exception signalée dans le texte, les citations bibliques sont de la version Segond révisé.

Tous droits réservés : «*Le Code de la propriété intellectuelle interdit les copies ou reproductions destinées à une utilisation collective. Toute représentation ou reproduction intégrale ou partielle faite par quelque procédé que ce soit, sans le consentement de l'auteur ou de ses ayant cause, est illicite et constitue une contrefaçon, aux termes des articles L.335-2 et suivants du Code de la propriété intellectuelle.*»

Du même auteur

Le disciple que Jésus-Christ cherche
Au bon souvenir de Marie Madeleine

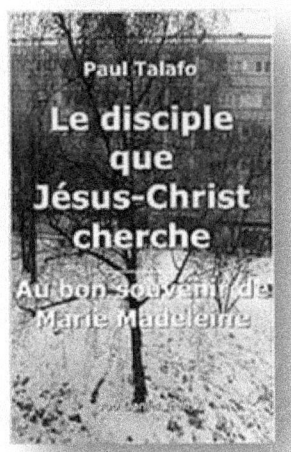

Les premiers seront les derniers et les Derniers seront les premiers
Qui sont-ils ?

Un cœur brisé et contrit ou
La repentance, la gratitude et la couronne des vainqueurs

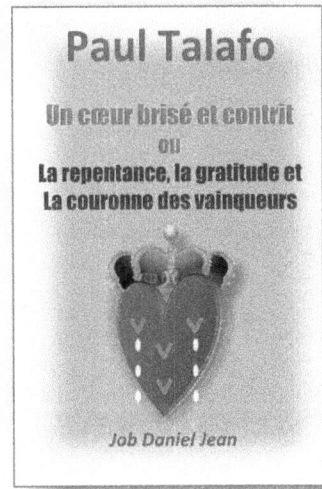

Sommaire

(Sommaire détaillé en fin d'ouvrage)

Page de titre 3
Copyright 4
Du même auteur 5
Sommaire 7
Avant-Propos 9
Introduction 15
PREMIERE PARTIE : LOIS DIVINES OPPOSABLES AUX HOMMES 21
Lois divines sur le caractère héréditaire de la bénédiction et de la malédiction 27
Deux exceptions aux lois divines sur l'hérédité du péché 39
Lois sur la sainteté de Dieu 43
La malédiction spirituelle par contamination, ce tueur silencieux de la vie chrétienne 51
La loi du péché et de la mort 57
Loi, justice et condamnation 61
Deux régimes d'application de la loi de Dieu : (i) la lettre qui tue et (ii) l'Esprit qui fait vivre 73
Conclusions sur la première partie 93
DEUXIEME PARTIE : JUSTICE, CONDAMNATION ET GRACE .. 97
Le sacerdoce lévitique et le régime de la condamnation 99
Grace matérielle, grâce judiciaire, grâce divine 123
Revue de la doctrine de l'apôtre Paul sur la sainteté et la grâce judiciaire de Dieu 135
Sainteté de Dieu au ciel et sur la terre 151
Jésus-Christ a réconcilié Juifs et non-Juifs par la croix 163
L'autorité gouvernementale de l'Eternel et la grâce du Père 175

*Du sacerdoce lévitique au sacerdoce du Christ, la lumière sur
le salut par la grâce au moyen de la foi
– Sur le fondement des apôtres et des prophètes –*

Regards séparés des Juifs et non-Juifs sur le péché et la loi 187
Le chrétien, le pardon et la grâce surabondante de Dieu.......................191
Jérusalem terrestre actuelle et Jérusalem céleste du futur 193
En ce qui concerne les Juifs 197
Autres correspondances entre Ancien et Nouveau Testaments............205
Le légalisme aveugle dans les églises : les chrétiens de Laodicée 221
Pratiquer une sanctification intensive en se soumettant au Seigneur 237
Précision : Le pardon de Dieu est total et parfait 251
Sommaire détaillé 255

Avant-Propos

Il n'a pas été facile de formuler le titre du présent livre, en raison de la densité des thèmes débattus et du souci de faire simple. C'est en les approfondissant que j'ai réalisé pourquoi les chrétiens du premier siècle trouvaient les écrits de l'apôtre Paul difficiles. Tout en reconnaissant cette difficulté, Pierre les trouvait pertinents et fustigeait ceux qui en tordaient le sens. Le présent livre s'est employé à percer le mystère de plusieurs écrits de l'apôtre Paul grâce aux connaissances d'aujourd'hui. Ce docteur de la loi était intellectuellement en avance sur les chrétiens de son temps, pour la plupart, des gens du peuple sans instruction. Il s'employa à décrypter le mystère du *salut par la grâce, au moyen de la foi*, en s'appuyant sur ses connaissances juridiques qui n'étaient pas à la portée de tous. Les connaissances juridiques de Paul couvraient la loi de Moïse et les prophètes, centre de gravité du sacerdoce lévitique. En parcourant la nouvelle alliance, inaugurée par le Christ, l'apôtre Paul a découvert des correspondances intéressantes entre les fondements du sacerdoce lévitique et ceux de la nouvelle alliance dont Jésus-Christ est le *Souverain Sacrificateur pour l'éternité selon l'ordre de Melchisédech*. Une telle déclaration, dans l'épître aux hébreux, témoigne du niveau d'exégèse de son auteur, un niveau peu répandu chez les chrétiens de cette époque, même parmi les apôtres de Christ les plus illustres.

L'opportunité de ce livre vient, en partie, des échanges que j'ai eus avec des chrétiens d'origine juive. Bien que la plupart d'entre eux reconnaissent Jésus-Christ comme l'Agneau de Dieu qui ôte le péché du monde, contrairement aux animaux de l'ancienne alliance, ces chrétiens juifs persistent à croire que le sacerdoce lévitique n'a pas été aboli, et qu'il reste en vigueur, comme «culte

*Du sacerdoce lévitique au sacerdoce du Christ, la lumière sur
le salut par la grâce au moyen de la foi
– Sur le fondement des apôtres et des prophètes –*

d'adoration», parallèlement à la nouvelle alliance en Christ. Si cette position est largement combattue par les Ecritures, l'excellente maîtrise que ces Juifs ont de la Tora – Ancien Testament – représente un défi à surmonter pour tout chrétien non-Juif, aux connaissances limitées dans les Ecritures. Inutile de dire à quel point ces échanges furent révélateurs des problèmes que l'apôtre Paul dénonçait chez ses frères biologiques, dans toutes ses épîtres, de l'épître aux Romains à celle aux Hébreux.

Il est clair qu'une connaissance minimaliste des Ecritures est insuffisante si on veut exposer aux Juifs, la vérité que Paul s'évertuait à enseigner de son vivant, il y a environ deux mille ans. C'est lors de cet exercice que je me suis rendu compte que ma propre connaissance de certains pans des Ecritures tenait davantage de la pensée populaire, que d'une analyse sérieuse des rapports entre le sacerdoce de Lévi et celui du Christ. Exercice auquel se livra l'apôtre Paul et dont les contemporains ne mesuraient pas forcément la portée. La difficulté des écrits de Paul tenait de ce qu'il devait répéter les mêmes choses à plusieurs destinataires distants et séparés : Corinthiens, Galates, Ephésiens, Philippiens, etc. Etant obligé de répéter les mêmes vérités à ces interlocuteurs dispersés aux quatre coins, en l'absence d'outils modernes de reproduction dont le vingt-unième siècle est doté, l'apôtre Paul était contraint de raconter, en peu de mots, des vérités profondes, d'où, la plupart du temps, l'incompréhension de ses contemporains. C'est une évidence qu'à leur époque, en l'absence d'outils modernes de reproduction, personne ne disposait d'une bible facile à transporter, comprenant deux testaments et soixante-six livres. Pour que cela fût possible, il fallait une charrette car les supports en papyrus et parchemin étaient plus lourds que le format papier introduit plus tard. Pour constituer une bible complète d'un millier de pages, il fallait forcément une charrette d'utilisation peu

Avant-propos

pratique. Les chrétiens d'aujourd'hui ont donc l'avantage de disposer des Ecritures dans un livre facile à transporter. Ils ont ainsi l'opportunité de comparer les prophètes et les apôtres sans trop de difficulté, pour peu qu'ils en aient le désir et la volonté. C'est là que cela devient préoccupant, car les chrétiens du premier siècle recherchaient la vérité en épluchant tout ce qui leur tombait dessus. Mais curieusement, les chrétiens d'aujourd'hui rechignent à lire les documents, pourtant faciles d'accès, sous de multiples prétextes tels que, entre autres, une mémoire déficiente. Ils ignorent que le problème de mémoire n'est pas au-dessus du Saint-Esprit qu'ils ont reçu lors de leur conversion. Grâce aux saintes Ecritures rendues faciles d'accès, les mystères expliqués par l'apôtre Paul, envoyés à plusieurs destinataires, peuvent être regroupés pour exprimer toute la lumière sur *le salut par la grâce, au moyen de la foi, sur le fondement des apôtres et des prophètes*. Ceci, afin que les chrétiens ne soient plus ballotés à tout vent de doctrines et de fables volontairement ou maladroitement répandues dans les prédications chrétiennes ; et qu'au contraire, ils aient une parfaite connaissance des fondements de leur foi. Sans quoi, ils ne pourront pas faire face aux gens qui, à force d'argumentaires bibliques dont ils tordent le sens, considèrent le sacerdoce lévitique comme toujours d'actualité alors que seul le sacerdoce de Melchisédech – Jésus-Christ – est en vigueur. Telle est l'ambition que ce livre essayera d'atteindre, sous le contrôle du Seigneur.

Nous nous excusons auprès du lecteur pour les redondances et répétitions qui ne manqueront pas d'altérer le style et la beauté de la langue. Le souci d'expliquer des vérités difficiles, par des mots simples, accessibles aux non-initiés de la chose juridique, les rendait parfois nécessaires, voire incontournables.

Partout où ils seront employés, nous prions le lecteur de considérer comme parfaitement équivalents les termes non-Juif, païen, Gentil, incirconcis. Les expressions "ancienne ou nouvelle alliance" sont aussi équivalentes à "Ancien ou Nouveau Testament".

Sauf avis contraire, toutes les citations bibliques sont de la version Second révisé. Elles sont reproduites dans le texte pour une meilleure exploitation. **Matthieu 5:10-13** signifiant : *livre de Matthieu, chapitre 5, versets 10 à 13*. Par souci de vérité, nous avons tenu à bien situer chaque verset biblique dans son contexte, en surlignant en **gras** la partie essentielle de l'explication. Le lecteur trouvera peut-être ennuyeuse la reproduction intégrale des versets bibliques plutôt qu'un renvoi en notes de bas de page. Cela a été fait exprès car les versets mémorisés ont tendance à subir des déformations avec le temps. Est-ce dû à l'usure de la mémoire ou à l'œuvre du diable ? Probablement un peu des deux. Est-ce pour cela que les israélites, après une longue période d'obéissance, recommençaient à transgresser les commandements de Dieu ? Possible. Nous notons que Moïse recommandait aux israélites de lier les commandements comme *un signe dans leurs mains et comme des frontaux entre leurs yeux*, voire de les écrire sur les poteaux et les portes de leurs maisons (**Deutéronome 6:8-9**). Cette précaution de Moïse n'est pas fortuite. Le lecteur est donc invité à ne pas s'exaspérer de cette reproduction des versets bibliques, mais plutôt, à les lire attentivement. Il remarquera que certains versets, qu'il croyait avoir bien mémorisés, se présentent sous un rapport différent. Nous avons mis en médaillon, sous forme d'encadrés, des mises au point particulièrement importantes. Enfin, tous les pronoms se rapportant au Seigneur Dieu ont été mis en majuscule, par souci de précision et de sanctification de Sa personne. Que le Seigneur Dieu accompagne le lecteur, ouvre son esprit et son intelligence pour comprendre la longueur et la profondeur de Son amour pour les hommes et les femmes qu'Il agrée, en plus de Son appel à la première résurrection. En effet «*Heureux et saints ceux qui ont part à **la première résurrection** ! La seconde mort n'a pas de pouvoir sur eux, mais ils seront sacrificateurs de Dieu et du Christ, et ils règneront avec Lui pendant les mille ans*» (**Apocalypse 20:6**).

Introduction

Quelle est la nature de cette *grâce* par laquelle le chrétien est *sauvé au moyen de la foi* ? Comment peut-on être libéré d'une loi que Jésus-Christ n'a jamais abolie, mais confirmée ? Comment le chrétien est-il *mort à la loi et au péché* ? Que pense l'apôtre Paul en affirmant que *la loi n'est pas annulée, mais confirmée* (**Romains 3:31**) et, plus loin, dans la même épître, lorsqu'il affirme que *le chrétien est dégagé de la loi* (**Romains 7:6**) ? Comment Jésus, fils de David, peut-Il, par Son sacrifice, devenir le Sauveur du monde alors qu'Il n'est pas le premier Adam, l'ancêtre biologique des humains, ni même Abraham, l'ancêtre biologique des Juifs ? Il est constant, en effet, que David, l'ancêtre de Jésus, est de la tribu de Juda, l'une des douze tribus d'Israël. Ces vérités bibliques meublent l'entendement des chrétiens de la nouvelle alliance que Jésus a inaugurée avec Son sang à la croix, et l'effusion du Saint-Esprit à la Pentecôte conformément aux prédictions du prophète Joël.

Comme de nombreux chrétiens, convertis depuis longtemps, je pensais comprendre ces vérités que le nouveau testament répète à longueur de versets. Jusqu'à ce que l'Esprit me recadre : «*Non, tu n'as pas vraiment compris, comme d'ailleurs de nombreux chrétiens, Juifs et non-Juifs confondus*».

Pour cela, une anecdote vécue me semble fort appropriée pour expliquer la genèse du problème, et la pertinence des réponses que l'Esprit révéla. D'aucuns trouveront, évidentes, les questions ci-dessus alors qu'il n'en est rien, à moins de partager le regard de Jésus, comme le fit l'apôtre Paul. J'anticipe déjà pour indiquer que, sans une claire explication des pratiques judiciaires, les questions ci-dessus resteront incomprises du commun des chrétiens. Gloire soit rendue à notre Seigneur qui utilisa puissamment l'un des juristes les plus talentueux du premier siècle, pour examiner ces questions et en extraire de grandes vérités. L'apôtre Paul, puisqu'il s'agit de lui, docteur de la loi de formation, déclarera aux éphésiens ce qui suit :

> «*C'est par révélation que j'ai eu connaissance du mystère, comme je viens de l'écrire en quelques mots. **En les lisant, vous pouvez comprendre l'intelligence que j'ai du mystère du Christ**. Ce mystère n'avait pas été porté à la connaissance des fils des hommes dans les autres générations, comme il a été révélé maintenant par l'Esprit à ses saints apôtres et prophètes*» **(Ephésiens 1:9 & 3:3-5)**.

Au sujet de Paul, l'apôtre Pierre déclarera :

> «*C'est ce qu'il (Paul) fait dans toutes les lettres où il parle de ces sujets, **et où se trouvent des passages difficiles à comprendre**, dont les personnes ignorantes et mal affermies tordent le sens, comme elles le font du reste des Écritures, pour leur propre perdition.*» **(2 Pierre 3:16)**.

L'apôtre Paul était inspiré par le Saint-Esprit qui mit à profit son talent de docteur de la loi, pour décrypter les fondements juridiques du salut par la foi en Christ, par opposition au salut par les œuvres de la loi de Moïse. Les quinze livres du nouveau testament, écrits, co-écrits ou inspirés par Paul, en sont une parfaite

Introduction

illustration. Il fut le seul à utiliser des termes, à connotation judiciaire, dans ses épîtres, tels que *justifié par la foi en Christ*.

Qu'il me soit permis d'apporter la précision suivante : je ne suis ni juriste de formation, ni juriste de profession. J'ai eu l'opportunité de côtoyer des juristes talentueux dans le cadre professionnel. Ce qui a eu l'effet de me décomplexer vis-à-vis de la chose juridique. Les métiers du droit sont habituellement réservés aux initiés. C'est donc, tapi derrière le rideau, que j'ai eu à les observer attentivement pour comprendre leur manière de penser et d'agir, leur terminologie parfois rébarbative pour les non-initiés. Je n'ai donc pas été surpris quand l'Esprit me fit comprendre que la difficulté des chrétiens du premier siècle à comprendre l'apôtre Paul, reposait sur cette aptitude que l'apôtre avait de présenter les choses dans un vocabulaire juridique, une difficulté dont l'apôtre Pierre fit écho. J'invite donc le lecteur à se détendre car, comme la plupart d'entre eux, je ne suis ni juriste, ni professionnel du droit. Les aléas de la vie professionnelle m'ont mis sur leur chemin afin que je puisse, aujourd'hui, avec des mots simples et accessibles aux non-initiés, expliquer les choses présentées par l'apôtre Paul, docteur de la loi.

Voici l'anecdote. Il y a peu, intervenant dans un forum de chrétiens Juifs, je reçus dans mon esprit un signal qui, en résumé, signifiait : «Ce n'est pas exactement cela ! Tu n'as pas bien compris !». Le malaise qui s'en suivit ne m'encourageait pas à poursuivre dans ma lancée. Il fallait marquer une pause et décrypter le problème sous un angle nouveau. Dans mon analyse des Ecritures, j'avais utilisé les mots et les phrases que presque tout le monde utilise, à savoir : *«Nous sommes morts à la loi»*, *«Nous sommes morts au péché»*, *«Nous ne sommes plus sous l'empire de*

*Du sacerdoce lévitique au sacerdoce du Christ, la lumière sur
le salut par la grâce au moyen de la foi
– Sur le fondement des apôtres et des prophètes –*

la loi de Moïse», «*Nous sommes sauvés par grâce, par le moyen de la foi*» etc. Mais l'Esprit me fit comprendre que je ne maîtrisais pas bien la substance de ces expressions, pourtant bien fondées.

En confrontant ces différents versets à celui-ci : «*Jusqu'à ce que le ciel et la terre passent, pas un seul trait de la loi de Moïse ne passera*», je me rendis compte qu'il manquait quelque chose à ma compréhension. En effet, différents passages des Ecritures évoquent des disputes, parfois virulentes, entre Paul et les Juifs qui voulaient forcer les chrétiens non-Juifs à judaïser. Signalons que Paul s'évertuait, sans relâche, à réfuter ces Juifs, durant ses multiples missions, au point de subir de leur part une persécution qui l'envoya, enchaîné, au tribunal de César à Rome.

Il manquait effectivement un détail au fil conducteur entre, d'une part, les propos de Jésus-Christ, favorables à la loi et, d'autre part, le combat acharné de Paul contre la judaïsation des chrétiens non-Juifs, notamment, l'obligation de se circoncire. Très vite, pour ne pas faire poireauter mes interlocuteurs du forum, je réactualisai mon intervention en prenant soin de supprimer les passages dont l'interprétation ne me semblait plus si évidente, le temps de creuser davantage. Je pris soin, tout de même, de glisser dans le document provisoire, quelques messages reçus instamment dans mon esprit, histoire de ne pas m'écarter du fil de la discussion et de rester constructif. Je savais cependant que ces nouvelles informations, placées dans mon esprit, méritaient une profonde analyse car elles ouvraient en moi, une compréhension nouvelle du mystère de la foi. Comme d'habitude, en pareille circonstance, le Seigneur prend Son temps pour bien doser la compréhension de Ses enfants. Je rends grâce au Seigneur d'avoir, dès cet instant, approfondi ma compréhension d'un mystère que je croyais bien maîtriser après

Introduction

plus d'un quart de siècle dans la foi, sans rétrograder – tout le mérite revient au Seigneur.

Comme Jésus Lui-même se servait des paraboles pour évangéliser les foules, montrant ainsi qu'Il connaissait les conditions de vie de l'homme sur terre, je comprenais soudainement le mystère de la grâce et de la foi à travers les actes de la vie courante.

Nous connaissons généralement la grâce de Dieu, sous la forme de grandes bénédictions déversées sur Ses enfants. Mais, nous n'avons presque jamais analysé Sa grâce sous le prisme des actes de justice et des procédures judiciaires auxquelles le monde nous a habitués. Et c'est ce que l'apôtre Paul, juriste de formation, docteur de la loi juive, tentait d'expliquer dans ses épîtres, explications que l'apôtre Pierre jugea *«difficiles à comprendre...»*, certes, mais *«...dont les personnes ignorantes et mal affermies tordaient le sens»* (**2 Pierre 3:15**).

Gloire à Dieu ! Il était temps que je comprenne enfin. Je rends grâce au Seigneur de m'avoir éclairé sur les correspondances entre l'Ancien et le Nouveau Testament, pourquoi Jésus n'était pas venu abolir la loi, et pourquoi l'apôtre Paul disait aussi que *«La loi n'est pas abolie»*.

Non, la loi de Moïse n'a pas été abolie, ni par le Seigneur Jésus, ni par Paul. Ce que Paul dénonçait chez les Juifs de son temps, c'est leur ignorance de l'amour de Dieu derrière la dispensation de la loi de Moïse. Il existe une grande différence entre le fait d'obéir à la loi de Moïse par contrainte, car *Maudit soit quiconque n'observe pas toute la loi pour la mettre en pratique*, et le fait d'obéir à la même loi par amour selon que «*Mon juste vivra par la foi*», ou encore, «*C'est par grâce que nous sommes sauvés, par le moyen de la foi*».

Pour analyser cette nuance, pas si évidente, nous allons nous servir des pratiques courantes dans l'exercice des lois dans le monde. De l'Ancien au Nouveau Testament, la loi de Dieu peut être analysée à travers le regard que l'homme a de ses propres lois. C'est pourquoi l'apôtre Paul, docteur de la loi de son état, pouvait expliquer le cœur du problème. Mais étant un apôtre dont les écrits ont couvert quasiment tous les thèmes de la sanctification, il est difficile de le cataloguer. On assimile souvent l'apôtre Jean à l'amour, Jacques à la foi agissante, Pierre à la persévérance dans les difficultés, mais il est difficile de cataloguer Paul car il embrassait tous les thèmes. Par les explications qui vont suivre, Paul est celui qui, à travers le droit et la justice, nous conduit à la compréhension du mystère du *salut par la grâce, au moyen de la foi*.

Enfin, il importe de souligner que ce livre apportera aux chrétiens, un regard nouveau sur l'Ancien Testament vu par un non-Juif. Car les Ecritures ont été écrites par les Juifs qui, dès le bas âge, sont imprégnés de la Tora – Ancien Testament – lue à chaque Sabbat. Cela suppose des vérités qui paraissent évidentes pour les Juifs, mais pas du tout pour les chrétiens non-Juifs, anciennement imprégnés des pratiques occultes de l'Egypte antique : sorcellerie, divination, idolâtries, etc.

PREMIERE PARTIE :

LOIS DIVINES OPPOSABLES AUX HOMMES

Une image terrible, relatée par l'Ecriture, nous interpelle : un homme, zélé pour la loi de Moïse, lancé dans une campagne de persécution des chrétiens, est foudroyé sur la route de Damas. Saul de Tarse, futur apôtre Paul, puisqu'il s'agit de lui, va faire la rencontre la plus extraordinaire de sa vie, une vie qu'il croyait parfaitement réglée autour de la loi de Moïse. N'était-il pas hébreux, fils d'hébreux, de la tribu de Benjamin, circoncis le huitième jour, docteur de la loi d'Israël, pharisien, disciple du grand rabbin Gamaliel ? Cette personne rencontrée est le Christ, l'Auteur de la nouvelle voie qu'il combattait avec zèle partout où il allait.

Comment lui, Saul de Tarse, avait-il été si ignorant de la terrible vérité concernant le salut véritable en Christ ? N'était-il pas docteur de la loi, un homme supposé éclairer les ignorants et les arracher des ténèbres ? Comment pouvait-il être si enténébré au sujet de cette voie, au point de la combattre de toutes ses forces, jusqu'à l'obtention de faux témoignages pour lapider les chrétiens comme le diacre Etienne ?

Si sur le champ, il n'eut qu'à obéir à la voix du Seigneur qui lui parlait à travers la nuée aveuglante, progressivement, l'intellectuel qu'il était devait mener des recherches, ne serait-ce que pour connaître les raisons de son égarement profond. La question qu'il devait se poser était relative à la loi de Moïse. Ce Moïse n'était-il pas un homme de Dieu admiré du peuple Juif ? Où était donc le sujet de son égarement, cause de la mort des disciples de Jésus-Christ ? Découvrant que la foi était la seule voie du salut, la question devenait encore plus poignante : pourquoi alors la loi ? Pourquoi Dieu avait-Il offert une loi si contraignante, alors que le salut par la foi existait déjà au temps d'Abraham, lequel *crut et*

Du sacerdoce lévitique au sacerdoce du Christ, la lumière sur
le salut par la grâce au moyen de la foi
– Sur le fondement des apôtres et des prophètes –

cela lui fut compté comme justice ? Pourquoi la parenthèse de la loi, entre l'époque d'Abraham et celle du Christ ? Par la dîme payée par Abraham à Melchisédech, le salut par la foi, ou sacerdoce de Melchisédech, existait déjà, bien avant le sacerdoce lévitique, inauguré plus tard, à la libération du peuple hébreu de la servitude égyptienne. Avec la crucifixion et la résurrection de Jésus-Christ, la parenthèse du sacerdoce lévitique se refermait pour laisser place au sacerdoce de Melchisédech dont Jésus est Souverain Sacrificateur pour l'éternité.

Pourquoi donc la loi ? Cette question fut au cœur d'une activité épistolaire intense de Paul envers les chrétiens de son époque. Il est l'un des rares apôtres du premier siècle à avoir porté son regard très loin dans l'histoire du salut, pour tirer tout ce mystère au clair. L'apôtre Paul découvrit alors la science de Dieu et la lumière sur le salut par la grâce, au moyen de la foi. Bien qu'à son époque, ses écrits paraissaient hors de portée du chrétien non initié à la chose juridique – car la loi de Moïse est aussi un texte de loi – il était temps que les chrétiens du présent siècle ouvrent leur esprit pour mesurer la hauteur, la profondeur et l'excellence de la connaissance que cet apôtre avait du mystère de la foi.

En portant un intérêt certain aux découvertes de cet apôtre, les chrétiens non-Juifs se feront une idée de la compréhension juive des Ecritures. Il est absurde d'aborder un Juif sans égard pour la loi de Moïse. C'est lui donner l'impression qu'on rabaisse une histoire que l'Ecriture honore par un cinglant «*Le salut vient des Juifs*». Ce sont les propos de l'apôtre Paul. Les chrétiens seraient bien sages de s'en souvenir. Comment les chrétiens peuvent-ils aborder un Juif avec la doctrine sur le sang de Jésus, sans faire des rapprochements entre le sang de Jésus, l'Agneau, et le sang des animaux sacrifiés dans le sacerdoce lévitique ? La complaisance des chrétiens non-Juifs sur cette question, est inadmissible pour les Juifs dont plusieurs, chrétiens déclarés, croient que le sacrifice des animaux demeure d'actualité. Comment expliquer à un Juif que le sacerdoce lévitique a été remplacé par celui de Jésus – Melchisédech – sans aborder la doctrine des sacrifices chers à leur histoire ? En montrant bien que le sacrifice de Jésus répondait aux exigences de la loi de Dieu, transmise par Moïse, conformément aux pratiques en vigueur, le Juif ouvrira son cœur à l'évangile, évitera tout mélange avec le sacerdoce lévitique, devenu obsolète et caduc.

Première partie : LOIS DIVINES OPPOSABLES AUX HOMMES

Lois divines sur le caractère héréditaire de la bénédiction et de la malédiction

La compréhension des lois divines est nécessaire pour poser les bases juridiques du *«salut par la grâce, au moyen de la foi»* tel qu'expliqué par l'apôtre Paul, par des mots souvent hors de portée de ses contemporains. Nous entendons par lois divines, celles qui font autorité avec ou sans le consentement de l'homme.

La première loi imposée à l'homme fut promulguée dans le jardin d'Eden, par l'Eternel Dieu, en ces termes : *«Tu pourras manger de tous les arbres du jardin ; mais tu ne mangeras pas de l'arbre de la connaissance du bien et du mal, car le jour où tu en mangeras, tu mourras»* (**Genèse 2:16-17**). Il s'agit d'une loi divine dont la peine de mort, résultant de la transgression ou péché originel, continue de décimer le genre humain à ce jour.

Après l'expulsion de l'homme du jardin d'Eden, suite à la violation du commandement ci-dessus, les hommes se donnèrent des règles de cohabitation dans la paix et la concorde, accompagnées de mesures coercitives contre les contrevenants. Ce sont les lois des hommes. Puis vint une seconde intervention de Dieu, beaucoup plus formelle, où quasiment tous les pans de la vie en société furent abordés. On les connait sous le nom des *dix commandements* ou *lois de Moïse*. L'Ecriture les ramène à deux commandements récapitulatifs : le premier évoque l'unicité et la prééminence de Dieu dans tous les aspects de la vie au ciel, sur la terre et dans les eaux : *«Tu aimeras le Seigneur, ton Dieu, de toute ton âme, de tout ton cœur, de tout ton esprit et de toute ta force»*.

Le second commandement concerne le rapport de l'homme à son prochain : «*Tu aimeras ton prochain comme toi-même*».

On peut remarquer que de nombreuses lois en vigueur dans le monde ont été inspirées par Moïse. Il existe néanmoins des lois divines, diversement accueillies dans le monde, qui priment en tout temps avec ou sans le consentement des humains. Il s'agit, en particulier, des lois du sang et de ses conséquences. La particularité de ces lois vient de ce que leurs premières applications sont difficiles à cerner dans le temps. Lorsque Dieu déclare qu'Il *bénit jusqu'à la millième génération de ceux qui L'aiment et gardent Ses commandements*, nous ignorons tous l'identité du premier de cette série. Il en est de même lorsque Dieu affirme qu'Il *fait retomber la faute des pères sur les fils jusqu'à la troisième et la quatrième génération de ceux qui Le détestent*. Qui est le premier ancêtre de la série ? Nous n'en savons rien. N'en déplaise aux humains, incapables de déterminer l'origine des malheurs qui les frappent, ou l'origine de l'étoile qui brille au-dessus de leurs têtes, ces lois héréditaires priment sur l'humanité. Nous allons en examiner quelques-unes, parmi les plus répandues.

Il est de la plus grande importance que les humains comprennent ces lois qui traduisent le regard de Dieu. La méconnaissance de ces lois explique le désarroi des hommes sur de nombreux faits d'actualité. Il n'est pas bien que Ses disciples soient également dans le désarroi car *le peuple chrétien périt par manque de connaissance*.

Première partie : LOIS DIVINES OPPOSABLES AUX HOMMES
Lois divines sur le caractère héréditaire de la bénédiction et de la malédiction

La bible est aussi un livre de lois

Qu'on se le dise une fois pour toutes, en tant que recueil de lois régissant les rapports en société, la bible est un livre de droits humains. On trouvera dans les Ecritures, d'Exode à Deutéronome, en plus des dix commandements, les dispositions relatives au temple de Dieu, aux fêtes religieuses et jours fériés – Sabbat – à l'hygiène, à la pureté et aux souillures, aux esclaves, aux biens, aux dommages physiques et corporels, au respect de Dieu et de la personne humaine, aux sanctions et compensations.

Un docteur de la loi trouvera donc dans la bible, de la matière pour accuser ou défendre les justiciables.

Nous ne devons pas nous étonner que l'apôtre Paul y ait trouvé un argumentaire de qualité en vue de la quinzaine d'épîtres signées ou co-signées par ses soins. On ne devrait pas s'étonner de rencontrer des termes à forte connotation juridique dans ses propos, tels que «*être justifié par la foi*». Nous ne devons pas aussi être surpris du recours à l'Ancien Testament dans ses épîtres. En effet, c'est surtout dans les épîtres signées par cet homme de Dieu, qu'on retrouve le plus de correspondances entre l'Ancien et le Nouveau Testament, pour le bonheur des chrétiens friands de connaissances.

*Du sacerdoce lévitique au sacerdoce du Christ, la lumière sur
le salut par la grâce au moyen de la foi
– Sur le fondement des apôtres et des prophètes –*

Loi de la transmission héréditaire par le sang, la volonté de la chair et la volonté de l'homme

> «*Mais à tous ceux qui L'ont reçue (Parole ou Christ), Elle a donné le pouvoir de devenir enfants de Dieu, à ceux qui croient en Son nom et **qui sont nés, non du sang, ni de la volonté de la chair ni de la volonté de l'homme**, mais de Dieu.*» (**Jean 1:12-13**).

Le sang, la volonté de la chair et la volonté de l'homme sont les facteurs de transmission de valeurs biologiques, culturelles et matérielles entre parents. Ils gouvernent l'hérédité, la généalogie et les liens familiaux. C'est par ces éléments qu'un humain établit sa filiation dans la société comme "fils ou fille de", "père ou mère de". On dira que Gérôme est le fils de Patrick parce que Gérôme a été engendré par Patrick. Dans ce cas, ce sont les liens du sang qui priment.

On peut aussi dire que Gérôme est le fils de Patrick parce que Patrick a adopté Gérôme. Il n'est alors plus question des liens de sang, mais de la volonté de Patrick : Gérôme est le fils de Patrick par la volonté de Patrick.

Enfin, il est possible que le sang et la volonté de l'homme ne soient pas les facteurs principaux dans l'établissement de la filiation parentale. C'est le cas, par exemple, lorsque Patrick fait féconder sa femme par un tiers pour avoir Gérôme. Gérôme ne provient ni du sang de Patrick car ce dernier n'est pas son père biologique, ni de l'adoption car la mère de Gérôme est bien mariée à Patrick. On dira alors que Gérôme est le fils de Patrick par la volonté de la chair. Inversement, c'est aussi la volonté de la chair si Gérôme était obtenu par les œuvres de Patrick avec une femme autre que son épouse. D'une manière générale, il s'agit des cas d'enfants obtenus hors du cadre naturel. Aujourd'hui, on parle de naissance par insémination artificielle, par mère porteuse ou éprouvette. Toutes les naissances obtenues par ces différents processus peuvent être considérées comme issues de la volonté de la chair.

La bible reconnaît ces trois moyens de procréation dans la croissance démographique du monde. C'est une loi divine.

Loi divine sur l'héritage : le fils hérite des bénédictions et des malédictions du père

Par ce chapitre, nous voulons évoquer l'hérédité du péché. Mais commençons par un sujet très connu des hommes. Il est constant que le fils ou la fille hérite du père. Cela ne fait l'objet d'aucune contestation dans le monde. A la mort d'un homme, ses descendants héritent de lui. C'est donc une loi divine que le descendant hérite du père et de la mère. Pourquoi ? Parce que le père – mère – ayant engendré le fils, il est naturel que le fils hérite de lui.

*Du sacerdoce lévitique au sacerdoce du Christ, la lumière sur
le salut par la grâce au moyen de la foi
– Sur le fondement des apôtres et des prophètes –*

Si cette loi divine vaut pour la bénédiction, comme l'héritage matériel, elle vaut aussi pour tous les dommages causés par l'homme. C'est aussi une loi divine que le fils porte les péchés du père et les assume. Nous en avons pour preuve évidente, le péché du premier Adam, dont la condamnation à mort, pour désobéissance à Dieu, a affecté toute sa descendance à ce jour, même celle qui n'a pas commis une faute semblable au péché originel. L'humanité d'aujourd'hui périt en général, par le poids de l'âge, des maladies, des accidents, des catastrophes naturelles et divers aléas de l'existence.

Ainsi la bénédiction (héritage) et le mal (péché) se transmettent par l'arbre généalogique. C'est une loi divine que nous ne devons pas perdre de vue, qui est déterminante pour comprendre certains actes divins. Aujourd'hui, les gens ne meurent pas forcément à cause de leurs péchés, autrement, les bébés de moins d'un mois ne mourraient pas car n'ayant commis aucun péché. Les hommes et les femmes meurent surtout à cause d'une sentence de mort prononcée à l'encontre de leur ancêtre commun, Adam, avant son expulsion du jardin d'Eden. Nous retiendrons que la première sanction, consécutive à la violation de la loi de Dieu, est la mort.

Si la transmission de l'héritage aux descendants n'a jamais été contestée dans le monde, il faut noter que les fautes des pères étaient aussi imputées aux descendants, souvent dans des proportions moindres. Lorsqu'un homme était endetté, à sa mort, l'épouse et les enfants assumaient le fardeau de la dette. Cette loi est diversement appliquée dans la société aujourd'hui, selon les coutumes. Comme exception, certains pays permettent aux descendants de refuser un héritage compromis par des dettes et, ainsi, éviter la saisie de leurs biens propres. Lorsqu'un homme se distinguait négativement dans la société, ses proches parents subissaient des représailles sous diverses formes. Aujourd'hui encore, il n'est pas bon d'être parent d'un criminel notoire. Certaines personnes ont perdu leur emploi ou une promotion à cause d'un nom de famille difficile à porter, au point d'être obligées de changer leur acte d'état-civil. Il n'y a pas longtemps, les personnes identifiées comme traitres à la nation, exposaient leurs familles à de dures représailles. Par extension, même un quartier de mauvaise réputation peut avoir une incidence négative sur l'avenir de ses habitants.

En revanche, de nombreux actes héroïques ont aussi profité aux familles des héros. Il est fréquent que les épouses de hautes personnalités accèdent à des positions sociales avantageuses. Cette culture n'est que la réminiscence d'une loi divine sur le caractère héréditaire des bénédictions et des malédictions. *Dieu bénit jusqu'à la millième génération de ceux qui gardent Ses commandements. Mais Il punit la faute des pères sur les fils jusqu'à la troisième et quatrième génération de ceux qui Le haïssent.* Il existe des exceptions que nous examinerons plus loin.

Loi sur l'équité dans la réparation des préjudices : dent pour dent, œil pour œil

En principe, Dieu impose le même tarif dans la réparation d'un dommage subi. Ainsi l'auteur d'un délit doit être puni proportionnellement au délit commis. S'il tue, il faut qu'il soit tué. S'il crève un œil, son œil devra être crevé. Idem pour une dent endommagée. Si une armée tue dix soldats, elle sacrifiera aussi dix soldats en compensation. C'est la loi de Dieu connue sous le nom de *loi du talion*. Dieu exigea que les fils aînés des israélites lui soient consacrés car Il avait frappé les fils aînés des Egyptiens pour libérer le peuple hébreux de la servitude. Il s'agissait d'une mesure de compensation dont Dieu a le secret. De nombreuses exceptions permettent aujourd'hui d'alléger la loi du talion, par exemple, en commuant une sentence de mort en prison à vie, en remplaçant une peine d'emprisonnement par une sanction financière ou en accordant des sursis. Ces exceptions n'enlèvent cependant rien à la règle divine qui, elle, fait autorité sur la terre.

Le fait que le symbole de la justice, dans le monde, soit une balance, n'est pas un hasard. La balance assure l'équité de part et d'autre d'une ligne de neutralité. Il s'agit d'une loi divine sur le respect des proportions dans l'application de la justice.

En règle générale, la réparation d'un dommage doit être proportionnelle au bien spolié. Cette règle est validée par Dieu selon qu'il est écrit :

> «*Si quelqu'un inflige une mutilation à son compatriote, il lui sera fait comme il a fait :* **fracture pour fracture, œil pour œil, dent pour dent ;** *il lui sera infligé la même mutilation qu'il a infligée à l'autre homme.*» (**Lévitique 24 :19-20**).

Première partie : LOIS DIVINES OPPOSABLES AUX HOMMES
Lois divines sur le caractère héréditaire de la bénédiction et de la malédiction

Loi sur la transmission héréditaire de la mort à la descendance adamique

La mort du premier Adam, ancêtre des humains, a été transmise à sa descendance par *l'hérédité du sang, de la volonté de la chair et de la volonté de l'homme,* telle qu'exposée plus haut. Avant le péché originel, Adam et Eve n'avaient pas engendré d'enfant. Les enfants sont porteurs des gènes de leurs parents. Toute l'humanité est supposée avoir été dans le sein d'Adam et Eve au moment du péché originel. Toute l'humanité s'est donc rendue coupable de cette transgression en même temps que le premier Adam. Suivant ce principe, l'humanité entière subit la condamnation à mort infligée à son ancêtre Adam. Lorsque les hommes et les femmes meurent aujourd'hui, *ils meurent en Adam* (**1 Corinthiens 15:22**), même sans avoir commis une faute semblable au péché d'Adam. L'Ecriture dit en effet :

> «*Cependant la mort a régné depuis Adam jusqu'à Moïse,* **même sur ceux qui n'avaient pas péché par une transgression semblable à celle d'Adam, lequel est la figure de Celui (Jésus) qui devait venir.**» (**Romains 5:14**).

C'est donc une loi divine que la mort du premier Adam s'étende à sa descendance, par hérédité.

Du sacerdoce lévitique au sacerdoce du Christ, la lumière sur le salut par la grâce au moyen de la foi
– Sur le fondement des apôtres et des prophètes –

Hérédité de la bénédiction d'Abraham sur Isaac, Jacob et les douze tribus d'Israël

La transmission des bénédictions d'Abraham à Isaac, son fils, à Jacob, fils d'Isaac et aux douze tribus issues de Jacob, suit le même principe que la transmission de la mort à la descendance d'Adam. En effet, au moment où l'ange de l'Eternel annonce à Abraham, que sa femme Sara donnera naissance à un fils, ce dernier se trouve encore dans le sein d'Abraham. A sa naissance, Isaac devenait le digne héritier des promesses d'Abraham. Dieu promit en effet que les descendants d'Abraham rempliraient la terre et seraient aussi nombreux que les étoiles du ciel et le sable de la mer. Il en est de même de la transmission desdites promesses à Jacob, fils d'Isaac, aux douze patriarches, fils de Jacob, lesquels forment la nation d'Israël. La nation d'Israël hérite donc de la promesse de Dieu à Abraham, via Isaac et Jacob.

Hérédité de la prêtrise dans le sacerdoce Lévitique

Par une décision de Dieu, la tribu de Lévi fut choisie pour exercer le sacerdoce dans le temple de Dieu. Ainsi tous les descendants de Lévi étaient assignés au service du temple. C'est ce qu'on appelle "*sacerdoce lévitique*". Il suffisait d'être fils de Lévi, par les liens du sang, de la volonté de la chair et de la volonté de l'homme, pour faire partie du sacerdoce. Il est intéressant de remarquer que les naziréens, israélites consacrés au temple, quelle que soit leur provenance, devenaient fils de Lévi par adoption – volonté de l'homme. C'est le cas du prophète Samuel, de la tribu d'Éphraïm, consacré à Dieu, dont les descendants ont servi dans le temple au même titre que les lévites. Par son adoption, ses descendants furent insérés dans le sacerdoce lévitique (**1 Chroniques 6:28**). Le chantre Hémân, qui dirigeait le chant dans la maison de Dieu, du temps du roi David, était le petit fils de Samuel (**1 Chroniques 6:33**).

La transmission de la fonction de souverain sacrificateur – grand prêtre – aux descendants d'Aaron, suivait la même loi héréditaire que ci-dessus.

Hérédité de la dîme payée par Abraham à Melchisédech, roi de Salem

Abraham donna la dîme de tous ses biens à Melchisédech, roi de Salem, quand Sara, sa femme, n'avait pas encore d'enfant. L'Ecriture nous informe que tous les descendants d'Abraham, d'Isaac et de Jacob, engendrés après cet événement, ont, par cet acte, payé la dîme à Melchisédech. C'est ce qu'affirme l'Ecriture : *«Enfin Lévi, qui reçoit la dîme, l'a pour ainsi dire payée par Abraham : **car il était encore dans les reins de son père, quand Melchisédech alla à sa rencontre.**»* (**Hébreux 7:9-10**). Nous comprenons alors que, par la dîme payée par Abraham à Melchisédech, Isaac, Jacob fils d'Isaac, les douze patriarches, fils de Jacob, tous les israélites d'aujourd'hui et de demain, l'auront payée par Abraham, leur ancêtre.

*Du sacerdoce lévitique au sacerdoce du Christ, la lumière sur
le salut par la grâce au moyen de la foi
– Sur le fondement des apôtres et des prophètes –*

Il s'agit ici d'une conséquence particulière de l'hérédité. Nous connaissions surtout l'héritage matériel transmis aux vivants. Mais on n'avait pas idée, par omission ou par amnésie sélective, que tous les descendants futurs – pas encore nés – pouvaient hériter de leurs ancêtres. C'est une loi divine parfaitement conséquente, même si le monde a une préférence pour l'héritage matériel transmis aux vifs.

Hérédité de la royauté éternelle promise à David

David accéda au trône d'Israël en remplacement du roi Saül, déchu par Dieu pour désobéissance. Une fois parvenu au trône d'Israël, David entreprit de bâtir une maison pour l'Eternel. Bien qu'aucune maison terrestre ne soit capable d'abriter le Très-Haut, cette idée exprimait l'affection de David pour ce Dieu qui, en retour, lui promis une royauté éternelle (**2 Samuel 7:16, 1 Rois, 2 Rois**). Contrairement à la descendance du roi Saül, la descendance biologique de David se succéda sur le trône d'Israël et de Juda jusqu'à la déportation. Jésus Lui-même est issu de cette descendance. Sa présence actuelle à la droite du Père confirme bien que la royauté éternelle, promise à David, a bien été accomplie.

Première partie : LOIS DIVINES OPPOSABLES AUX HOMMES

Deux exceptions aux lois divines sur l'hérédité du péché

Surabondance de la bienveillance de Dieu sur Sa colère

«*Car moi, l'Éternel, ton Dieu, Je suis un Dieu jaloux, qui punis la faute des pères sur les fils jusqu'à la troisième et à la quatrième génération de ceux qui Me haïssent, et qui use de bienveillance jusqu'à mille générations envers ceux qui M'aiment et qui gardent Mes commandements.*» **(Deutéronome 5:9-10).**

L'amour de Dieu L'amène à maximiser Ses bénédictions quand l'homme donne satisfaction, et à minimiser Ses sanctions lorsque l'homme L'irrite. Dieu ne suit pas une mesure équitable par amour pour l'homme. Gardons-nous de toute méprise. Il est question, ici, d'une querelle entre Dieu et l'homme qu'Il a créé. Lorsque deux hommes s'affrontent, Dieu applique la loi du talion comme on l'a vu plus haut. Mais entre l'homme et Lui, Il applique une loi ménageant l'homme car Il aime l'homme.

Bien que la loi sur l'hérédité s'applique aux récompenses et aux sanctions, dans Sa grande miséricorde envers Ses créatures, Dieu a choisi de multiplier par mille les bénédictions à ceux qui L'aiment, mais de ramener à trois ou quatre fois les sanctions à ceux qui Le détestent. En effet, *Dieu est lent à la colère et riche en bienveillance et en fidélité*. S'Il est prompt à bénir, Il Se montre, en revanche, très patient dans Sa colère, n'hésitant pas, parfois, à la différer indéfiniment. Plusieurs exemples nous sont fournis dans l'Ecriture. Dieu manifestait promptement Sa bienveillance lorsqu'Israël obéissait aux commandements. Dieu retardait Ses sanctions lorsque ce peuple se montrait rebelle. Il est dit, par ailleurs, que Dieu bénit jusqu'à la millième génération de ceux qui L'aiment et gardent Ses commandements, mais qu'Il punit la faute des pères sur les fils jusqu'à la troisième et à la quatrième génération de ceux qui Le détestent. Autrement dit, Dieu bénit mille fois mais sanctionne trois cents fois moins. Dieu veut ainsi encourager Ses créatures à faire du bien, afin d'ouvrir grandement les écluses des cieux en leur faveur. Parallèlement, Dieu ne souhaite que très rarement ouvrir le registre des punitions, même s'Il finit par S'y résoudre.

En fait, si Dieu entend transférer le bon héritage à mille générations, Il limitera le mauvais héritage à trois ou quatre générations afin d'encourager les hommes à faire du bien, de permettre de longues périodes de bonheur, mais de courtes périodes de souffrance. Car Dieu est bon. Il n'a pas créé l'homme pour son malheur, mais pour son bonheur. Dieu apprécie de voir l'homme prospérer et se réjouir. Il n'aime pas le voir souffrir, même si Sa sévérité Le pousse à punir les méchants, surtout les récidivistes incorrigibles.

Première partie : LOIS DIVINES OPPOSABLES AUX HOMMES
Deux exceptions aux lois divines sur l'hérédité du péché

Exonération des sanctions pénales commises par les parents

> *«Qu'avez-vous à dire ce proverbe sur la terre d'Israël : Les pères mangent des raisins verts, et les dents des enfants sont agacées ? Je suis vivant ! -- oracle du Seigneur, l'Éternel, vous n'aurez plus lieu de dire ce proverbe en Israël (…) car désormais, un fils ne supportera pas le poids de la faute de son père, et un père ne supportera pas le poids de la faute de son fils»* (**Ezéchiel 18:2-3, 20**).

Dans Sa loi sur l'hérédité de la faute, Dieu annonça qu'Il ferait *retomber la faute des pères sur les fils jusqu'à la troisième et quatrième génération de ceux qui Le haïssent*. Toutefois, pour éviter les nombreux dérapages dans l'interprétation de ce principe (**Ezéchiel 18:2-19**), Dieu le supprima. Ainsi, aucun ascendant ni descendant n'aurait à subir les fautes d'un proche parent. Il fut dès lors interdit de condamner les fils pour les fautes commises par leurs pères et inversement. Attention, suspendre une loi à cause des abus qu'elle engendre, ne remet pas en cause la force de cette loi. Il s'agit d'un acte de magnanimité de Dieu visant à interdire les abus, un acte qui ne remet pas en cause Sa loi sur l'hérédité de la bénédiction et de la malédiction. Par leur méchanceté, des gens s'en étaient servis pour décimer des familles entières. Hélas, cette clause a été abondamment utilisée par des régimes totalitaires contre leurs opposants.

Première partie : LOIS DIVINES OPPOSABLES AUX HOMMES

Lois sur la sainteté de Dieu

*«Maintenant, si vous écoutez Ma voix et si vous gardez Mon alliance, vous M'appartiendrez en propre entre tous les peuples, car toute la terre est à Moi. Quant à vous, vous serez pour Moi un royaume de sacrificateurs et une **nation sainte**.»* **Exode 19:5-6.**

*«Vous serez pour Moi des **hommes saints**»* **Exode 22:30(31).**

*«**Vous serez saints, car Je suis saint**, Moi, l'Éternel, votre Dieu»* **Lévitique 19:2.**

Les premières paroles de Dieu aux israélites, tout juste libérés de la servitude égyptienne, étaient : *Vous serez pour Moi des hommes saints*. Plus loin, Dieu insiste en disant : *Vous serez saints, car Je suis saint*. Il apparaît, dans les relations entre Dieu et les hommes, tout au long des Ecritures, que Dieu ne transige pas sur Sa sainteté. Dieu est saint. Jamais Il ne variera d'un iota dans Sa sainteté. La sainteté de Dieu est omniprésente dans Ses rapports aux humains.

En fait, la sainteté de Dieu est permanente dans tous Ses rapports aux créatures. Cette sainteté se reflète parfaitement dans les dix commandements, ou les deux commandements récapitulatifs : 1er) Tu n'auras pas d'autre dieu devant Ma face et 2ème) Tu aimeras ton prochain comme toi-même. En clair la sainteté de Dieu met en évidence (i) l'unicité de Sa divinité, (ii) Sa bienveillance et Sa fidélité.

D'emblée, il doit être clair que tout péché est une attaque contre la sainteté de Dieu. Les deux commandements récapitulatifs permettent d'entrevoir deux formes de transgression de cette sainteté : une attaque directe et frontale, lorsque le premier commandement est violé, et une attaque indirecte, lorsque le second commandement est transgressé. La violation du premier commandement est un crime de divination. Tandis que la transgression du second commandement est un délit d'infidélité.

Le premier commandement traite des rapports directs entre Dieu et Sa créature, alors que le second permet de mesurer, à travers le prochain, le respect et la crainte de l'homme envers Dieu. Dans les deux cas, Dieu est impliqué. Le premier commandement met Dieu directement en face de Sa créature. Le second Le concerne également, mais à travers un tiers : le prochain. Oui, c'est un fait avéré que Dieu mesure le respect qu'on Lui porte à travers les rapports aux hommes et femmes qu'Il a créés.

Celui qui méprise un pauvre, montre qu'il ne fait aucun cas de Dieu qui a créé ce pauvre. Beaucoup pensent que la sainteté de Dieu ne se mesure que dans les rapports directs avec Dieu, tels que fréquenter une église le dimanche. Ce n'est pas tout. Cette sainteté se mesure aussi à travers les rapports aux hommes – prochains –

que Dieu a créés. Ce sont des rapports indirects à Dieu. Celui qui respecte son prochain, respecte Dieu. Celui qui méprise son prochain, méprise Dieu. C'est ainsi que Dieu voit les choses. En fait, il est facile de dire que l'on craint Dieu qu'on ne voit pas. C'est à travers le prochain qu'on peut mesurer la crainte et le respect de Dieu chez autrui. Méprise-t-on son prochain ? Maltraite-t-on son semblable ? Alors, on méprise et maltraite Dieu. Le reste n'est qu'autodérision.

Dieu ne supporte pas qu'on viole Sa sainteté. Il ne tolère donc ni le péché de divination, ni celui d'infidélité. Jésus recadra le diable par rapport au premier commandement, en lui rappelant que *«Tu adoreras le Seigneur, ton Dieu, et à Lui seul, tu rendras un culte»* (**Matthieu 4:10**).

Examinons plus en détail, ces deux visages de la sainteté de Dieu. Ils définissent deux lois, celle sur la divinité unique de Dieu, et celle relative à l'amour du prochain.

Loi sur la Divinité unique de Dieu

> *«Tu adoreras le Seigneur, ton Dieu, et à Lui seul, tu rendras un culte»* (**Matthieu 4:10**).

Comme indiqué précédemment, la violation du premier commandement de Dieu est un crime de divination, de lèse-

Majesté. C'est le crime le plus odieux dans l'échelle du mal, tous péchés confondus. Il est vrai que la violation du second commandement, relatif à l'amour du prochain, est aussi condamnée par Dieu. Mais rien ne L'irrite autant que le péché de divination. C'est ce que fit un astre brillant au ciel. Il voulut s'emparer du trône de Dieu avant d'être recadré et devenir le diable, alias Satan. Les israélites multipliaient de nombreux délits d'infidélité envers leurs prochains. Mais c'est surtout l'adoration des divinités étrangères qui accéléra leur déportation en Assyrie et à Babylone. C'est l'adoration des divinités étrangères, introduites par ses femmes étrangères, qui fit perdre à Salomon et à la dynastie de David la royauté sur la moitié d'Israël. La moitié, retirée à la dynastie de David, devint le royaume du nord appelé Samarie. La descendance de David régna désormais sur le sud d'Israël appelé Juda.

Rien n'irrite Dieu autant que le rejet direct de Sa personne, ce qu'Il considère comme une attaque frontale. On y parvient en adorant un autre dieu à la place du Dieu d'Israël. En plus des cas ci-dessus, la divination inclut la désobéissance totale ou partielle à un ordre divin, souvent transmis par un prophète. Par exemple, la résistance du roi Saül à l'ordre de détruire Amalec, transmis par le prophète Samuel, fut un péché de divination (**1 Samuel 15:20-23**). La confiance aveugle en un être humain est aussi un péché de divination, quelle que soit la notoriété de cette personne.

Pour finir, on peut subdiviser la violation du premier commandement en cinq sous-catégories :

1. **L'attaque frontale contre la personne de Dieu**, ou péché de Satan. On se souvient que Satan voulut s'emparer du trône du Très-

Haut par sa splendeur. Ce péché est unique dans l'histoire de la création de Dieu. Un astre brillant, alias Satan, alias le diable, alias le serpent ancien, alias le dragon, voulut s'emparer du trône de Dieu par l'apparence et la splendeur avant d'être recadré. Ce type de péché a provoqué la condamnation la plus sévère qu'il ait été donné à Dieu de prononcer : le lac de feu et de souffre – enfer – pour Satan et ses anges complices. Au terme d'une parabole, Jésus dit : «*Ensuite il dira à ceux qui seront à sa gauche : Retirez–vous de moi, maudits, allez dans le **feu éternel préparé pour le diable et pour ses anges**.*» (**Matthieu 25:41**). C'est une malédiction définitive et sans appel.

2. **La divination** par laquelle on vénère un ou plusieurs dieux à la place de Dieu. Dans cette catégorie, on cite la sorcellerie, les sortilèges, la magie et un florilège de pratiques occultes.

3. **L'idolâtrie** par laquelle on s'attache à un objet plus qu'à Dieu, sans que l'objet soit mauvais en soi ; un objet pouvant même être l'exaucement d'une prière à Dieu. On connaît par exemple l'attachement des humains à l'argent. Imaginons la passion d'un homme pour une voiture obtenue grâce à Dieu. L'idolâtrie est donc un attachement passionnel à un objet qui supplante Dieu dans la vie. La vie développe des passions diverses. Mais Dieu ne veut être supplanté par aucune d'elles. Par exemple, parmi les griefs de Dieu contre l'idolâtrie d'Israël, l'Ecriture cite l'adoration du serpent de bronze que Moïse avait érigé pour guérir les israélites mordus par les serpents au désert (**2 Rois 18:4**). Longtemps après cet épisode, les israélites brûlaient du parfum odoriférant devant cette image, suscitant la colère de Dieu.

4. **La confusion** par laquelle on entretient des rapports de contrenature. Les relations sexuelles avec les bêtes (**Exode 22:18/19**) ou des personnes de même sexe sont des cas de confusion où Dieu est directement contesté. La sodomie est, par exemple, un crime qui valut aux habitants de Sodome et de Gomorrhe, l'enfer sur terre avant l'heure (**Genèse 19-24**).

5. **La désobéissance** à un ordre direct de Dieu. Les premiers ancêtres, Adam et Eve, en violant le commandement de Dieu relatif à l'arbre de la connaissance du bien et du mal, commirent un péché de divination qui entraîna la mort des humains. Le roi Saül, en refusant de détruire Amalec – peuple s'étant opposé à la libération d'Israël de la servitude égyptienne – commit un péché de divination qui entraîna la fin de sa dynastie au profit de David.

Les cinq sous-catégories ci-dessus sont indicatives. Il existe d'autres péchés qui, occasionnellement, peuvent être considérés comme une attaque frontale contre la sainteté de Dieu. Le Saint-Esprit éclairera en cas de nécessité.

Loi sur la bienveillance et la fidélité de Dieu

>*«Dieu est lent à la colère et riche en bienveillance et en fidélité» Exode 34:6.*

Première partie : LOIS DIVINES OPPOSABLES AUX HOMMES
Lois sur la sainteté de Dieu

On a vu précédemment que le premier commandement mettait l'homme directement en face de la sainteté de Dieu. Le second commandement mesure, via les rapports aux prochains, le respect et la crainte de Dieu. Il est facile de dire qu'on aime Dieu qu'on ne voit pas, car cela ne peut être prouvé. Par le second commandement, on a une preuve visible du respect qu'un chrétien accorde à Dieu : c'est à travers ses rapports à son prochain. Une parabole des Ecritures illustre ces propos dont voici un extrait :

> *«Alors le Roi (Jésus) dira à ceux qui seront à Sa droite : Venez, vous qui êtes bénis de Mon Père ; recevez en héritage le royaume qui vous a été préparé dès la fondation du monde. Car J'ai eu faim et vous M'avez donné à manger ; J'ai eu soif et vous M'avez donné à boire ; J'étais étranger et vous M'avez recueilli ; nu et vous M'avez vêtu, J'étais malade et vous M'avez visité, J'étais en prison et vous êtes venus vers Moi. Alors les justes Lui répondront : Seigneur, quand T'avons–nous vu avoir faim, et T'avons–nous donné à manger ; ou avoir soif, et T'avons–nous donné à boire ? Quand T'avons–nous vu étranger, et T'avons–nous recueilli ; ou nu, et T'avons–nous vêtu ? Quand T'avons–nous vu malade, ou en prison, et sommes–nous allés vers Toi ? Et le Roi leur répondra : **En vérité, Je vous le dis, dans la mesure où vous avez fait cela à l'un de ces plus petits de Mes frères, c'est à Moi que vous l'avez fait**...*
>
> *...Ensuite Il dira à ceux qui seront à Sa gauche : Retirez–vous de Moi, maudits, allez*

dans le feu éternel préparé pour le diable et pour ses anges. Car J'ai eu faim, et vous ne M'avez pas donné à manger ; J'ai eu soif, et vous ne M'avez pas donné à boire. J'étais étranger, et vous ne M'avez pas recueilli ; nu, et vous ne M'avez pas vêtu ; malade et en prison, et vous ne M'avez pas visité. Alors ils répondront eux aussi : Seigneur, quand T'avons-nous vu ayant faim ou soif, étranger, ou nu, ou malade, ou en prison, et ne T'avons-nous pas rendu service ? Alors Il leur répondra : **En vérité, Je vous le dis, dans la mesure où vous n'avez pas fait cela à l'un de ces plus petits, c'est à Moi que vous ne l'avez pas fait.** *Et ceux-ci iront au châtiment éternel, mais les justes à la vie éternelle.»* (**Matthieu 25:33-46**).

La transgression du second commandement récapitulatif concerne tous les cas autres que les cinq sous-catégories précédentes. C'est le cas de six des dix commandements de Moïse, du cinquième au dixième. La violation du premier commandement récapitulatif concerne les attaques directes contre la personne de Dieu, personne protégée par les quatre premiers commandements de Moïse.

Première partie : LOIS DIVINES OPPOSABLES AUX HOMMES

La malédiction spirituelle par contamination, ce tueur silencieux de la vie chrétienne

*«Dieu dit à l'homme : **le sol (terre) sera maudit à cause de toi** ; c'est avec peine que tu en tireras ta nourriture tous les jours de ta vie, il te produira des chardons et des broussailles, et tu mangeras l'herbe de la campagne. C'est à la sueur de ton visage que tu mangeras du pain, jusqu'à ce que tu retournes dans le sol, d'où tu as été pris»* **Genèse 3:17-19**.

*«Quiconque touchera leurs cadavres **sera impur jusqu'au soir**, et quiconque portera leurs cadavres **nettoiera ses vêtements et sera impur jusqu'au soir**»* **Lévitique 11:24-25**.

Nous remarquerons que Dieu utilise un temps futur pour indiquer le sol qui *sera maudit* à cause d'Adam. En effet, lorsque Dieu prononce la condamnation à mort contre le premier Adam, lui et sa femme Eve sont encore dans le jardin d'Eden. C'est après cette sentence qu'Adam et Eve vont être expulsés vers la terre sans qu'il leur soit possible d'accéder à l'arbre de vie qui aurait pu leur garantir l'immortalité. La question principale qui nous préoccupe ici est : pourquoi la terre, n'ayant pas été témoin du péché originel d'Adam, se retrouve-t-elle *maudite à cause de l'homme* ? Réponse : c'est parce que l'homme, nouvellement condamné à mort, donc porteur de la malédiction de la mort, va y être exilé. La terre est donc maudite parce que l'homme maudit y habitera. Il s'agit de la transmission de la malédiction par contact physique entre un être maudit et un objet innocent. La terre est maudite parce que l'homme maudit y habitera.

De nombreux cas de malédiction spirituelle, par contamination ou contact physique, sont décrits dans la parole de Dieu. Citons-en quelques exemples.

> «*Tu fixeras au peuple des limites tout à l'entour en disant : Gardez-vous de monter sur la montagne, ou d'en toucher le bord. **Quiconque touchera la montagne sera puni de mort**. On ne portera pas la main sur lui, mais on le lapidera, ou bien on le percera de flèches : bête ou homme, il ne restera pas en vie.*» **Exode 19:12-13**.

Dieu mit une restriction au peuple israélite, nouvellement libéré de la servitude égyptienne, afin qu'il n'approche pas de la montagne où Lui, Dieu, allait Se manifester. Comme Dieu est saint, il était nécessaire qu'Il préserve ce peuple d'une mort certaine en cas de contact avec le mont Sinaï. Pourquoi le peuple allait-il mourir en touchant le mont Sinaï ? Parce que la sainteté de Dieu était transmise à la montagne par Sa présence sur ladite montagne. Ainsi, si le peuple israélite se retrouvait en contact physique avec le mont Sinaï, il allait périr. Cet exemple renforce l'explication précédente sur la malédiction de la terre habitée par Adam car la montagne est un lieu physique. Cette montagne était donc sanctifiée par Dieu car Dieu y était descendu.

> «*Tout lit sur lequel celui qui a le flux couchera sera impur, et tout objet sur lequel il s'assiéra sera impur. Celui qui touchera son lit nettoiera ses vêtements, se lavera dans l'eau et sera impur jusqu'au soir*» **Lévitique 15:4-5**.

> «*Tout objet sur lequel en tombera quelque chose quand elles sont mortes sera impur : récipient de bois, vêtement, peau, sac, tout récipient dont on fait usage ; il sera mis dans l'eau et restera impur jusqu'au soir, après quoi il sera pur. Tout ce qui se trouvera dans un récipient de terre où il en tombera quelque chose, sera impur, et vous briserez le récipient*» **Lévitique 15:32-33**.

Ceci est un autre exemple de malédiction spirituelle par contact physique. Ainsi, pour Dieu, tout objet au contact d'une chose impure devient impur. Lorsqu'une chaise ou un lit, un vêtement, une maison, une voiture, n'importe quoi, entre en contact avec un être souillé, alors la chaise ou le lit, le vêtement, la maison, la voiture ou n'importe quoi, ainsi touché, devient souillé. Bien que les objets concernés ne soient pas de même nature, solubles les uns dans les autres, Dieu estime que l'objet saint, innocent et immaculé, devient souillé une fois au contact de l'objet souillé. Telle est la loi de Dieu, rien ne peut y faire.

> «*Ne mange pas le pain de celui dont le regard est mauvais, Et ne désire pas ses friandises ; Car il est tel que sont les*

> *arrière-pensées de son âme. Mange et bois, te dira-t-il ; Mais son cœur n'est pas avec toi.* **Tu vomiras le morceau que tu as mangé, Et tu auras perdu tes paroles agréables.*»* **Proverbes 23:6-8**.

Quel lien peut-il exister entre un repas servi à table et la contamination par le méchant assis à la même table ? En principe, il n'existe aucun lien dans la mesure où chacun mange dans son assiette. Mais Dieu estime que celui qui partage la même table avec le méchant, sera contaminé par la méchanceté du méchant, et *perdra ses paroles agréables*. C'est Dieu qui l'affirme et nous ferions mieux de nous en tenir à cela.

> *«C'est alors que les Israélites commirent une infidélité à l'égard de l'interdit :* **Akân, fils de Karmi, fils de Zabdi, fils de Zérah de la tribu de Juda, prit une part de l'interdit, et la colère de l'Éternel s'enflamma contre les Israélites***...*
>
> *... Environ trois mille hommes du peuple y montèrent et ils s'enfuirent devant les gens de Aï.* **Les gens de Aï abattirent environ trente-six d'entre eux.** *Ils les poursuivirent depuis la porte de la ville jusqu'à Sabarim et les battirent à la descente. Le cœur du peuple lui manqua et perdit toute vigueur. Josué déchira ses vêtements et tomba la face contre terre devant l'arche de l'Éternel, jusqu'au soir, ainsi que les anciens d'Israël. Ils se jetèrent de la poussière sur la tête...*

Première partie : LOIS DIVINES OPPOSABLES AUX HOMMES
La malédiction spirituelle par contamination, ce tueur silencieux de la vie chrétienne

> *... L'Éternel dit à Josué : Lève-toi, qu'est-ce donc ? Tu tombes la face contre terre !* **Israël a péché : ainsi, ils ont enfreint l'alliance que Je leur avais prescrite ; oui, ils ont pris une part de l'interdit,** *ils en ont même volé, même dissimulé et même mis dans leurs bagages. Les Israélites ne pourront pas tenir devant leurs ennemis. Ils tourneront le dos devant leurs ennemis,* **car ils sont eux-mêmes devenus interdit.** *Je ne continuerai pas à être avec vous si vous ne détruisez l'interdit du milieu de vous.»*
> **Josué 7:1-12.**

Encore une fois, quel lien peut-il exister entre le fait qu'un soldat égaré s'approprie un trophée de guerre, et la défaite de son armée devant l'ennemi ? C'est parce qu'au sein de cette armée, un soldat a transgressé la sainteté de Dieu et, par voie de conséquence, transmis la malédiction spirituelle à toute l'armée. C'est ce que révèle la narration ci-dessus. Un prince des israélites, nommé Akan, de la tribu de Juda, se rendit odieux envers Dieu, en prenant dans ses bagages une chose frappée d'interdit. Par l'acte souillé d'un seul, toute la communauté fut contaminée, proche d'être rejetée. C'est en suivant les instructions de Dieu que Josué, leur guide, obtint expiation pour le peuple, et Israël put reprendre sa marche victorieuse.

On comprend l'importance de la malédiction spirituelle et ses effets collatéraux. C'est une question fondamentale qui devrait inspirer les disciples soucieux de sanctification. La malédiction spirituelle est considérée comme un tueur silencieux car elle n'est pas visible des yeux. Dieu seul la voit comme Il fut le seul à reconnaître la faute d'Akan. Ce qui rend plus essentielle encore la sanctification. C'est en vivant dans la sanctification que les disciples du Christ éviteront de telles malédictions pour leur bien.

Plusieurs disciples de Christ ont souvent constaté que les enfants de Dieu, d'un même groupe, partageaient, au même moment, les bénédictions et les malédictions. Et lorsque l'un d'eux avait des problèmes, les autres avaient également des soucis. Ainsi la sanctification de l'un influençait tout le groupe. Ce phénomène s'explique par la contamination spirituelle de la malédiction et de la bénédiction. La bénédiction ne se limitait pas seulement à un membre du groupe. D'autres membres étaient bénis en même temps.

Il semble impossible, à première vue, de détecter de telles malédictions, comme dans le cas d'Akan. Toutefois, avec la sanctification, Dieu écourtera les périodes de malédiction et l'on pourra, par la repentance, aller de l'avant. La seule parade efficace contre ces souillures invisibles, mais très conséquentes, est la vigilance et la sanctification. Si quelqu'un se sanctifie, le Seigneur Dieu lui épargnera des périodes prolongées de souffrance.

Première partie : LOIS DIVINES OPPOSABLES AUX HOMMES

La loi du péché et de la mort

*«En effet, la loi de l'Esprit de vie en Christ–Jésus m'a libéré de **la loi du péché et de la mort**»* **Romains 8:2**.

«L'âme qui pèche, c'est celle qui mourra» **Ezéchiel 18:20**.

*«Selon la loi, presque tout est purifié avec du sang ; et **sans effusion de sang, il n'y a pas de pardon**»* **Hébreux 9:22**.

La loi du péché et de la mort rappelle que le péché est la transgression de la sainteté de Dieu, et que toute transgression de cette sainteté mène à la mort, d'où l'expression *«loi du péché et de la mort»*. C'est un principe auquel Dieu ne déroge jamais, pas même d'un iota. Chaque fois qu'un péché est commis, Dieu exige l'effusion de sang. Comme seuls les humains et les animaux possèdent le sang, l'effusion de sang dont il s'agit, proviendra soit de l'homme, soit de l'animal.

Il existe encore un principe chez Dieu, à savoir que seule l'âme qui pèche mourra. Aussi Dieu exigera que le sacrifice expiatoire ait, au moins, la même valeur que le coupable. Le sacrifice ne saurait être inférieur au fautif. Il faut donc, au minimum, égalité entre la personne fautive et le sacrifice expiatoire. Sous ce rapport, on comprend pourquoi les sacrifices d'animaux ne pouvaient purifier les péchés commis par les israélites dans l'ancienne alliance (**Hébreux 10:4**). Tout simplement parce que l'animal a moins de valeur que l'homme. Lorsqu'un homme pèche, Dieu exige que le sang de l'homme soit versé. Dieu n'en demandera pas moins, Il peut en revanche en demander plus, au titre des *dommages et intérêts*. C'est-à-dire que la faute du méchant peut être effacée par le sang de l'innocent, mais jamais l'inverse. Le sang d'un innocent ne sera jamais compensé par celui du méchant. Telle est la sainteté de Dieu. La sainteté de Dieu est très exigeante car il s'agit de Dieu. Dieu a toujours eu à cœur d'informer Ses enfants des menaces sur leur vie par rapport à Sa sainteté. Lors de la construction du temple de Moïse, l'Eternel avertissait déjà les israélites sur les conséquences dommageables d'une transgression de Sa sainteté, en disant :

> «*Vous éloignerez les Israélites de leurs impuretés, **de peur qu'ils ne meurent à cause de leurs impuretés**, s'ils souillent Ma demeure qui est au milieu d'eux.*» (**Lévitique 15:31**).

Le principe, en lui-même, n'est pas étranger. En effet, lorsqu'on a été spolié, on ne peut exiger de réparation inférieure à l'objet spolié. Au contraire, on exigera des intérêts en plus du préjudice subi. Ainsi, quiconque est spolié de l'objet A, recevra en retour, un objet B égal à l'objet A, augmenté d'un pourcentage de l'objet A. Pourcentage pouvant atteindre l'unité, c'est-à-dire que l'objet B, donné en réparation du préjudice subi, pourrait atteindre le double de l'objet A spolié. Il est donc juste que Dieu exige que le sang des humains efface les fautes des humains. L'animal étant inférieur à l'homme, son sang ne saurait effacer la faute de l'homme. Ce serait mettre l'animal au même pied d'égalité que l'homme. Dieu ne l'accepte pas, Lui qui a créé l'homme à Son image, mais a donné l'animal comme nourriture à l'homme.

C'est donc une loi chez Dieu que le péché entraîne la mort du coupable. En dehors du coupable, Dieu exigera une offre meilleure, un innocent par exemple. Tout cela nous est rappelé afin que l'homme découvre la sainteté de Dieu et s'abstienne de tout péché pouvant écourter son espérance de vie sur la terre. Dieu est amour et Il prévient Ses enfants des dangers qu'ils encourent en cas de transgression de Sa sainteté.

Les exigences de la sainteté de Dieu ne changent pas au gré de l'humeur de l'homme. Dieu est saint et l'a toujours été, que Ses créatures l'acceptent ou non. Si elles acceptent la sainteté de Dieu et ses exigences, elles en tireront un grand bénéfice. Sinon, elles en paieront le prix fort, la mort étant l'issue fatidique.

Le fait que Dieu ait accepté le sang des animaux, comme expiation des fautes commises sous le sacerdoce lévitique, n'est ni une contradiction, ni une erreur de traduction. Cela relevait d'une pédagogie que l'Ecriture, via l'apôtre Paul, explique amplement. Nous le découvrirons plus loin. Par exemple, Jésus révéla que Moïse avait autorisé les israélites à répudier leurs femmes en cas de lassitude, parce qu'à cette époque, l'homme était encore sauvage (**Matthieu 19:7-9**). Et Jésus de préciser dans la foulée, **qu'*au commencement, il n'en était pas ainsi***. Dieu a donc donné Sa loi aux hommes, par petites doses, en tenant compte de leur éducation. Un peu comme le petit enfant qui reçoit la connaissance,

*Du sacerdoce lévitique au sacerdoce du Christ, la lumière sur
le salut par la grâce au moyen de la foi
– Sur le fondement des apôtres et des prophètes –*

par petites doses, entre l'école élémentaire et l'université. Ainsi, le sacerdoce lévitique, basé sur la purification par le sang des animaux, n'était qu'une transition vers le sacerdoce de Melchisédech, seul capable de réaliser la promesse d'Abraham **(Galates 3:19)**.

Dans Son amour, Dieu indique comment l'homme peut expier une faute quelle que soit sa gravité. Jésus est l'Agneau de Dieu qui ôte le péché du monde. S'il est vrai que *l'âme qui pèche est celle qui mourra*, Jésus est, en revanche, l'Agneau de Dieu qui ôte les péchés de l'humanité, afin que quiconque croit en Lui, ne périsse point, mais ait la vie éternelle. C'est-à-dire que celui qui a péché, ne mourra pas car l'Agneau est mort pour lui.

Première partie : LOIS DIVINES OPPOSABLES AUX HOMMES

Loi, justice et condamnation

Il nous faut distinguer trois éléments dans l'examen d'une loi. Premièrement, la loi est un cadre de définition des choses à faire et à ne pas faire, des peines, amendes et réparations relatives aux infractions commises. Elle est débattue et arrêtée par un parlement. Deuxièmement, la justice – ou la police – permet de dire si une action querellée a transgressé la loi ou non. Troisièmement, enfin, la condamnation sanctionne celui qui a transgressé la loi. Une condamnation arrêtée, soit par la police – ou le procureur – lorsque le fautif avoue sa faute, soit par le tribunal après un procès contradictoire à l'égard de toutes les parties en conflit.

Ces trois aspects relatifs à la loi ne doivent pas être confondus. L'Ecriture ne les confond pas. Lorsqu'on analyse les lois de Moïse, résumées sous *«les dix commandements»*, on se rend bien compte que ces trois aspects étaient parfaitement distincts.

Premièrement : la loi

Etant un cadre de définition des choses à faire et à ne pas faire, la loi est morale. Elle est la morale qui garantit la sainteté de Dieu. Tout péché est une attaque contre la sainteté de Dieu. Afin d'éviter aux humains, des surprises désagréables, des maladies et une espérance de vie écourtée, Dieu révéla Ses lois afin que les hommes et les femmes vivent par elles. Ainsi les tables de lois remises par Dieu à Moïse mentionnaient les dispositions à respecter et les peines encourues par les contrevenants. Elles furent énoncées à la libération du peuple israélite de la servitude égyptienne, bien avant que les israélites aient pu poser leurs valises sur la terre promise. Ils ne pouvaient, non plus, être jugés sur leurs actions antérieures car la loi n'est pas rétroactive. C'est après la promulgation de la loi de Moïse que la justice pouvait trancher entre le bien et le mal.

Deuxièmement : la justice

Comme précisé plus haut, la justice permet de dire si une action querellée a violé la loi ou non. Elle procède habituellement selon deux branches : la police et le tribunal. La police, sous la tutelle du procureur, veille sur l'application de la loi et son observation par les citoyens. Le tribunal, sous la présidence du juge, examine le litige lorsque l'accusé conteste l'avis de la police. Au terme d'un procès contradictoire à l'égard des parties, le juge tranche. Toutefois, la base d'application de la justice reste la loi. Sans la loi, il n'y a pas de justice équitable. Sans la loi, toute justice est arbitraire.

Troisièmement : la condamnation et la double transgression

La condamnation est la sanction arrêtée contre le coupable d'une transgression. Nous précisons que tout délit est toujours commis contre deux victimes : (i) la première victime est la loi qui, en tant que morale publique, garantit la sainteté de Dieu ; (ii) la seconde victime est le plaignant qui a subi un tort. Tout délit contre autrui est donc toujours une double transgression. Tout péché est une attaque contre la sainteté de Dieu. Le coupable d'une faute a, non seulement causé du tort au plaignant, mais aussi à Dieu, en transgressant Sa sainteté, représentée, ici, par la morale publique. La sainteté de Dieu est protégée par une instance appelée "ministère public". Dans le monde, Dieu n'est pas directement invoqué, mais le peuple. Puisque les juges de la terre rendent leurs décisions *au nom du peuple*, toute transgression de la loi est considérée comme une faute envers le peuple qui vote les lois. Ici le peuple, visible, est considéré comme le représentant du Dieu invisible. Loin de nous de créer une polémique entre Dieu et le peuple, il est intéressant d'expliquer pourquoi l'enrôlement d'un procès pénal indique presque toujours : «*Plaignant X ET Ministère public CONTRE Accusé Y*». C'est parce qu'en plus du plaignant X, qui a été abusé, la justice défend la loi qui a été transgressée, car la loi reflète la morale publique, elle garantit la sainteté de Dieu. Ainsi **lorsque X poursuit Y pour obtenir réparation du préjudice subi, le ministère public poursuit aussi Y pour, cette fois, défendre la morale publique – sainteté de Dieu – qui a été transgressée.** Y est donc poursuivi pour une double transgression. Le ministère public représente les intérêts de Dieu. Il arrive, cependant, que la loi soit l'unique victime, lorsque, par exemple, un automobiliste est contrôlé avec un fort taux d'alcool dans le sang. Il s'agit alors d'une faute d'imprudence, sans désagrément causé à un tiers, puisque l'accident tant redouté n'a pas eu lieu. Cependant, s'il s'était produit un accident, l'automobiliste aurait été poursuivi, à la fois, par le ministère public et la victime. Selon les pays, le ministère public est représenté soit par la police (Angleterre), soit par le procureur (Etats-Unis, France), les deux corps ne faisant souvent qu'un dans d'autres pays.

La nuance ici est de taille car elle permet de comprendre certaines dispositions de la loi de Moïse. Nous verrons plus loin que si la double transgression s'applique lors de la condamnation, la grâce de Dieu prend aussi en considération la séparation entre Dieu – dont la sainteté est protégée par la loi – et les intérêts du plaignant. La bible dit que *Dieu pardonne la faute, le péché et le crime, mais Il ne tient pas le coupable pour innocent* (**Exode 34:7**). En effet, si Dieu accorde Sa grâce, lorsque Sa sainteté est violée, en revanche, Il n'ignore JAMAIS les intérêts de la victime. Nous verrons précisément qu'un juge peut accorder des sursis dans l'exécution d'une peine de prison, une façon, pour lui, de montrer la mansuétude de la société – et de Dieu – mais jamais il n'exonérera le coupable du préjudice matériel subi par la victime. C'est-à-dire que le coupable *n'est pas tenu pour innocent* malgré le pardon. Son casier judiciaire reste sali.

Une certaine paganisation des mentalités amène les chrétiens à se méprendre fortement sur la portée du message ci-après : *Dieu pardonne la faute, le péché et le crime,* **mais Il ne tient pas le coupable pour innocent** (**Exode 34:7**). Les hommes et les femmes veulent que le pardon de Dieu couvre tout, la faute et les dégâts matériels. Dieu pardonne la faute, mais le coupable n'est pas exonéré des dommages occasionnés. Il est vrai que, d'un pays à l'autre, des systèmes judiciaires peuvent varier. Mais fondamentalement, la faute et les dommages occasionnés sont souvent traités séparément. Aux Etats-Unis, par exemple, lorsqu'un présumé criminel est déclaré non coupable par un jury populaire, malgré l'assassinat qui porte son empreinte, une justice civile peut décider des dommages et intérêts qu'il versera à la famille de la victime.

Première partie : LOIS DIVINES OPPOSABLES AUX HOMMES
Loi, justice et condamnation

Toutes ces nuances juridiques sont nécessaires pour décrypter les bases du *salut par la grâce, au moyen de la foi*, selon les explications de l'apôtre Paul, docteur de la loi. Les propos de Paul comportaient une intonation judiciaire que les esprits de l'époque, non habitués aux gymnastiques juridiques, tournaient en dérision. Gloire à Dieu ! L'apôtre Pierre défendit son confrère dans une lettre mémorable en disant : «*C'est ce qu'il (Paul) fait dans toutes les lettres où il parle de ces sujets, **et où se trouvent des passages difficiles à comprendre**, dont les personnes ignorantes et mal affermies tordent le sens, comme elles le font du reste des Écritures, pour leur propre perdition.*» (**2 Pierre 3:16**).

Dieu pardonne la faute, le péché et le crime mais, Il ne tient pas le coupable pour innocent

«*L'Éternel passa devant lui (Moïse) en proclamant : L'Éternel, l'Éternel, Dieu compatissant et qui fait grâce, lent à la colère, **riche en bienveillance et en fidélité**, qui conserve Sa bienveillance jusqu'à mille générations, **qui pardonne la faute, le crime et le péché, mais qui ne tient pas le coupable pour innocent**, et qui punit la faute des pères sur les fils et sur les petits-fils jusqu'à la troisième et à la quatrième génération de ceux qui Le détestent !*» **Exode 34:6-7.**

Du sacerdoce lévitique au sacerdoce du Christ, la lumière sur le salut par la grâce au moyen de la foi
– Sur le fondement des apôtres et des prophètes –

> «*Éternel, notre Dieu, c'est Toi qui leur as répondu. Tu fus pour eux un Dieu qui pardonne, **Mais qui tire vengeance de leurs agissements**»* Psaumes 99:8*.

Il existe, hélas, de nombreuses déformations dans la pensée populaire à propos du pardon. Pour le commun des mortels, pardon et oubli vont de pair, sont quasiment synonymes. Tel n'est malheureusement pas le sentiment de Dieu. En *pardonnant la faute, Dieu ne tient pas le coupable pour innocent*. Autrement dit, Dieu pardonne mais n'oublie jamais. Il *tire vengeance des agissements* du coupable.

Les chrétiens doivent, ici, être vigilants et bien comprendre la pensée de Dieu, s'ils veulent poursuivre une sanctification sans heurts. Même si Dieu retarde une sanction, elle se produira un jour. Reste la question du moment opportun. Beaucoup d'hommes et de femmes pensent que Dieu oublie leurs crimes parce qu'ils ne sont pas sanctionnés aussitôt leurs forfaits commis. C'est prendre la miséricorde de Dieu pour du laxisme. Dieu n'est pas laxiste. Dans Sa miséricorde et Son amour pour l'homme et la femme, Il a décidé d'agir séparément selon que l'acte est bon ou mauvais. Il récompense fortement le bien, mais sanctionne modérément le mal. C'est une mesure d'amour et de grâce envers Ses créatures qu'Il chérit, qu'elles soient bonnes ou méchantes. Dieu récompense abondamment dans le dessein d'encourager le juste à persévérer dans la voie de la justice. Cependant, Dieu donne du temps au fautif afin qu'il se repente et revienne de ses mauvaises voies. Mais si le fautif persiste dans le mal, Dieu laissera alors agir Sa colère. N'oublions pas qu'Israël, à force d'irriter Dieu par la présence des hauts lieux pour divinités étrangères, avait fini par être déporté en

Première partie : LOIS DIVINES OPPOSABLES AUX HOMMES
Loi, justice et condamnation

Assyrie et à Babylone, dans des scènes d'horreur défiant l'entendement. De nombreux israélites pensaient que Dieu ne Se souciait pas de leur désobéissance, tant Il était patient et lent à la colère ; tant Il faisait miséricorde chaque fois que les israélites criaient à Lui. Au point où des incrédules traitaient Dieu d'aveugle et sourd. Ces actes de miséricorde étaient réels. Mais les israélites ne firent rien pour regretter leurs inconduites. Sans cesse, ils recommençaient à irriter Dieu par des actes de méchanceté, jusqu'à ce que Dieu finisse par les déporter hors de la terre promise pendant soixante-dix ans.

Une autre déviation, enregistrée dans le comportement des chrétiens, est de croire que le pardon efface les conséquences de la faute. Faux et archifaux. Nulle part, dans les Ecritures, Dieu n'a effacé les conséquences des fautes commises par Ses enfants, au nombre desquels Abraham et David. En voici une illustration :

Abraham. La stérilité persistante de Sara, son épouse, ajoutée à la perspective de ne pas avoir de descendance, poussa celle-ci, âgée alors de soixante-quinze ans, à mettre sa servante Agar sur le lit de son mari Abraham. Agar enfanta ainsi Ismaël à Abraham. Mais Dieu refusa qu'Ismaël hérite d'Abraham. Ainsi, quatorze ans après la venue d'Ismaël, Sara enfanta Isaac, l'héritier promis. Bien que la présence d'Ismaël constituât un danger pour Isaac, Dieu permit à Ismaël de vivre et d'engendrer douze princes. Autant dire que, pour chacune des douze tribus d'Israël, fils d'Isaac, il y avait un prince ennemi à la porte. Chaque tribu d'Israël devait vivre avec un caillou dans la chaussure nommé Ismaël. Dieu n'a donc pas effacé la conséquence de l'acte désespéré de Sara. Dieu pardonna la précipitation de Sara dans l'affaire d'Ismaël, mais Il maintint ce dernier en vie jusqu'à ce jour.

*Du sacerdoce lévitique au sacerdoce du Christ, la lumière sur
le salut par la grâce au moyen de la foi
– Sur le fondement des apôtres et des prophètes –*

David. David était l'homme selon le cœur de Dieu. Il ne perdit aucune bataille de son vivant. Il inspirait la terreur à ses adversaires et aux nations environnantes. Cependant il pécha en provoquant la mort d'un de ses généraux, après avoir détourné la femme de ce dernier. Il obtint le pardon de Dieu au terme de sa repentance. Mais Dieu vengea l'acte abominable de David. Le fils aîné de David, Amnon, fut assassiné au terme d'un drame familial impliquant sa demi-sœur Tamar et son demi-frère Absalom. Ce même Absalom fut à l'origine d'un coup d'Etat contre son père David, provoquant une grande déchirure en Israël : les soldats d'un même pays s'affrontèrent à mort pour le contrôle du pouvoir. Dieu pardonna la faute de David, mais Il ne le tint pas pour innocent car Israël fut ensanglanté après cela.

Chimeï. Chimeï est cet israélite de la tribu de Benjamin. Il souleva la poussière lorsque David fuyait devant son fils Absalom, auteur du coup d'Etat rappelé ci-dessus (**2 Samuel 16:5-14**). Il conspua David sur une longue distance, en le maudissant. David s'opposa à ce qu'un de ses soldats le tue pour le faire taire. Après l'échec du coup d'Etat, Chimeï accourut pour demander pardon au roi David. Ce dernier promit, par serment, de ne pas le tuer (**2 Samuel 19:23**). David pardonna mais se souvint de Chimeï au moment de passer le flambeau à son successeur Salomon. David dit à Salomon :

> «*Voici près de toi Chimeï, fils de Guéra, Benjaminite, de Bahourim. Il a prononcé contre moi des malédictions violentes le jour où j'allais à Mahanaïm. Mais il descendit à ma rencontre vers le Jourdain, et je lui fis un serment par l'Éternel, en disant : Je ne te ferai pas mourir par l'épée.* **Maintenant, ne le laisse pas impuni ;** *car tu es un homme*

> *sage, et tu sais comment tu dois le traiter.* ***Tu feras que ses cheveux blancs descendent ensanglantés dans le séjour des morts***» **(1 Rois 2:8-9)**.

David, homme selon le cœur de Dieu, cité plusieurs fois par Jésus pendant Son ministère sur terre, avait-il pardonné à Chimeï ? Oui. Que dire alors du testament laissé à son successeur Salomon au sujet de ce Benjaminite ? Réponse : *Dieu ne tient pas le coupable pour innocent*. Les chrétiens feraient mieux d'y penser dans leur poursuite de la sanctification.

Adam. En faisant de Jésus, Son dernier Adam, Dieu fit comprendre aux hommes *qu'Il a tant aimé le monde qu'Il a donné Son Fils unique, afin que quiconque croit en Lui ne périsse pas, mais qu'il ait la vie éternelle*. Tout descendant du premier Adam a donc le droit d'obtenir absolution en invoquant le nom de Jésus. Les croyants sont-ils pour autant exonérés de la mort physique ? Bien sûr que non. Les chrétiens meurent aussi. Pourquoi les chrétiens continuent-ils de mourir alors que la faute, ayant valu la condamnation à mort du premier Adam, a été expiée par Jésus sur la croix ? Parce que Dieu pardonne la faute, le péché et le crime, mais n'efface pas les conséquences de ceux-ci.

Israël. Israël refusa une première fois d'exécuter l'ordre d'entrer dans la terre promise, après que dix des douze espions, envoyés comme éclaireurs, firent un rapport intimidant sur la force et la supériorité des peuples de l'endroit. Dans Sa colère, Dieu voulut exterminer tout le peuple israélite pour son incrédulité. Mais Moïse plaida et obtint absolution. Cependant, en représailles, Dieu décida de reporter de quarante années l'entrée dans la terre promise, le

*Du sacerdoce lévitique au sacerdoce du Christ, la lumière sur
le salut par la grâce au moyen de la foi
– Sur le fondement des apôtres et des prophètes –*

temps pour Lui de supprimer tous les hommes vaillants, âgés de vingt-ans et au-dessus, coupables de cette forfaiture. Dieu mit à exécution Sa sentence durant les quarante années de pèlerinage du peuple israélite au Désert. Dieu pardonna-t-Il ? Oui car, en définitive, Israël est aujourd'hui parfaitement installé sur la terre promise. Dieu effaça-t-Il pour autant la conséquence de leur désobéissance ? Non, puisqu'Israël se retrouva, quarante années plus tard, avec une génération rajeunie, sans ses vieillards, mis à part les deux espions – Josué et Caleb – qui s'étaient désolidarisés de leurs camarades.

C'est pour manifester Sa gloire que Dieu tient à raviver l'histoire d'un péché pardonné par Ses soins. Dieu envoie un message à tous : Il est Dieu, capable de ressusciter les morts, de donner vie à ce qui était mort, d'élever le vil pour le faire siéger parmi les nobles. La faute du premier Adam a certainement retardé le plan de Dieu pour la race adamique. Mais ce plan se réalisera à coup sûr. C'est cela le message à comprendre dans le maintien des conséquences du péché pardonné : Dieu est Dieu, le Très-Haut, au-dessus de toutes choses. Il est l'Alpha et l'Oméga. Ses objectifs se réaliseront bon gré, malgré.

La bonne nouvelle est qu'en dépit des péchés de Ses enfants, Dieu finit par atteindre Ses objectifs. Toutefois, les chrétiens doivent se garder de répandre un message erroné, tel que, dire à une ancienne prostituée que sa conversion l'a rendue vierge comme une femme n'ayant jamais eu de rapports sexuels. Il me souvient d'avoir lu cette information dans un livre chrétien. Cela n'est pas vrai. Elle n'est plus vierge. Toutefois Dieu peut reconstruire la vie de la prostituée repentie, et la conduire vers la vie éternelle. Elle pourra retrouver une vie conjugale par la grâce de Dieu. Mais son ancienne vie lui pèsera le restant de ses jours. Dire à une ancienne prostituée que sa conversion l'a rendue vierge, c'est dire à un repris de justice que sa conversion à Christ a blanchi son casier judiciaire. Ce n'est pas vrai. Il suffit pour cela de faire un tour par les greffes de la justice, pour constater que ce casier judiciaire reste maculé. De nombreux messages anti-scripturaires ont plongé les chrétiens dans la confusion car ils ne s'accompliront jamais. La grâce de Dieu est cependant insondable (**Jérémie 18:7-1**). Toutefois, sans un miracle spécifique, il ne faut pas diffuser un message anti-scripturaire, ni enseigner une grâce illusoire qui donnerait de Dieu une image *trop bon trop con*. C'est seulement à la résurrection des morts que le passé sera enterré et que, comme l'a dit le Seigneur, les chrétiens seront comme les anges de Dieu au ciel, sans distinction de genre (**Matthieu 22:30**). Il n'y aura plus de douleur, ni de larmes.

A travers le fait que Dieu ne tienne pas le coupable pour innocent, il ne faut pas comprendre une entorse au caractère infini de la grâce de Dieu. Il faut comprendre que les conséquences du péché ne sont pas effacées comme certains chrétiens, mal affermis, le pensent. C'est une marque de la toute-puissance de Dieu que de montrer que Sa volonté s'accomplira en dépit des œuvres du diable. Il est l'Alpha et l'Oméga.

Dieu invite Ses enfants à ne jamais se décourager par le fait qu'un péché

*Du sacerdoce lévitique au sacerdoce du Christ, la lumière sur
le salut par la grâce au moyen de la foi
– Sur le fondement des apôtres et des prophètes –*

conservera son histoire devant les hommes. Après tout, chacun doit assumer ses actes, même les plus honteux. Toutefois, en poursuivant la sanctification, les conséquences d'un péché seront supplantées par la grâce surabondante de Dieu. David, les frères de Joseph, Paul, Abraham, Moïse et bien d'autres en firent l'expérience. Leurs écarts de conduite laissèrent des traces indélébiles. Mais ils triomphèrent par la surabondance de la grâce de Dieu sur la faute.

Première partie : LOIS DIVINES OPPOSABLES AUX HOMMES

Deux régimes d'application de la loi de Dieu : (i) la lettre qui tue et (ii) l'Esprit qui fait vivre

(Ne pas confondre la loi et son régime d'application, le contenu et le contenant)

> «*Il nous a aussi rendus capables d'être ministres d'une nouvelle alliance, non de la lettre, mais de l'Esprit ; **car la lettre tue, mais l'Esprit fait vivre**.*» **2 Corinthiens 3:6.**

> «*Mais maintenant, nous sommes dégagés de la loi, car nous sommes morts à ce qui nous tenait captifs, de sorte que **nous servons sous le régime nouveau de l'Esprit et non plus sous le régime ancien de la lettre**.*» **Romains 7:6.**

> «*Mais le Juif, c'est celui qui l'est intérieurement ; et la circoncision, c'est celle du cœur, **selon l'esprit et non selon la lettre**. La louange de ce Juif ne vient pas des hommes, mais de Dieu.*» **Romains 2:29.**

Avant d'aborder, en profondeur, cette question apparemment complexe, nous allons nous inspirer des faits réels. Ne dit-on pas qu'une lecture de la loi est, soit positive, soit négative ? La lecture positive interprète la loi dans un sens favorable à autrui. Tandis qu'une lecture négative cible les aspects coercitifs, dissimulant à

Du sacerdoce lévitique au sacerdoce du Christ, la lumière sur
le salut par la grâce au moyen de la foi
– Sur le fondement des apôtres et des prophètes –

peine un désir de punir le prochain. Ce regard, tantôt positif, tantôt négatif, décrit les hauts et les bas dans la manière d'interpréter et d'appliquer une loi. On parle aussi d'esprit de la loi – lettre. Dans un cas, on parlera de la lettre qui sauve – regard positif – et dans le cas contraire, de la lettre qui tue – regard négatif.

Lorsque David eut faim, proche de la rupture, fuyant devant le roi Saül, le sacrificateur Ahimélek lui donna du pain consacré alors que David n'était pas de la tribu de Lévi, seule habilitée à en consommer. Par cette transgression, demeurée impunie, Dieu montrait qu'avant toute chose, Il avait donné aux hommes des lois pour leur bien, non pour tester la rigueur et la discipline de la chair, quoique discipline et rigueur soient de grandes vertus. Lorsque Jésus fut accusé de guérir les malades pendant le sabbat, Il fit comprendre à Ses interlocuteurs que Dieu recherchait d'abord le bien, plutôt que l'observation systématique de la loi. Il interpela Ses accusateurs pour savoir lequel, parmi eux, ne sauverait pas instamment sa vache si celle-ci tombait dans un ravin le jour du sabbat. Ainsi, les pourfendeurs de Jésus avaient une lecture négative de la loi de Moïse, tandis que Jésus en faisait une lecture positive.

Il existe presque toujours deux ou plusieurs façons d'interpréter une loi. La loi de Moïse n'y échappe pas. Le Seigneur Dieu avait donné au peuple israélite, un certain nombre de commandements et de prescriptions à observer. Dans le fond, Dieu a toujours eu à cœur de faire du bien aux hommes. Mais il existait une lecture négative de ladite loi. En fait, deux lectures nous sont proposées : (i) l'ancienne alliance de Dieu, appelée Ancien Testament ou sacerdoce lévitique, qui prône le salut par les œuvres de la loi et stipule que «*Maudit soit celui qui n'accomplit pas les paroles de cette loi – Torah – pour les mettre en pratique !»* (**Deutéronome 27:26**) ; et (ii) la nouvelle alliance ou Nouveau Testament ou sacerdoce de Melchisédech, dont le crédo est «*Mon juste vivra par la foi*» (**Galates 3:11**) ou «*C'est par la grâce qu'on est sauvé, au moyen de la foi*» (**Ephésiens 2:8**).

Une alliance – testament – est le cadre de définition d'une volonté. L'alliance ou le testament décrit ce qu'il faut comprendre par telle clause. Lorsqu'on passe d'un individu à l'autre, la manière d'interpréter une loi peut changer. Pourtant c'est la même loi, à quelques nuances près. La différence tient à l'esprit qui anime l'individu. Un esprit libre et éclairé positivera, tandis qu'un esprit fermé et obscur noircira.

> Les lois en vigueur dans le monde s'inspirent de Moïse. Mais lorsqu'on passe des Etats-Unis à l'Angleterre, de l'Angleterre à la France, de la France à l'Allemagne et de l'Allemagne à la Chine ou l'Afrique du Sud, la manière de les appliquer change. La loi est la même, elle est bonne, mais son régime d'application varie d'un pays à l'autre.
>
> Il en est de même de la loi de Moïse. En passant de l'ancienne alliance ou Ancien Testament, à la nouvelle alliance en Jésus-Christ, le régime

Du sacerdoce lévitique au sacerdoce du Christ, la lumière sur le salut par la grâce au moyen de la foi
– Sur le fondement des apôtres et des prophètes –

d'application a changé. Par exemple, dans la nouvelle alliance, Jésus interdit que la femme soit répudiée en dehors d'une faute d'adultère, alors que l'Ancien Testament permettait la répudiation quand l'homme se lassait d'elle. La répudiation n'a pas été supprimée car elle fait partie de la loi. C'est le régime d'application qui a changé. Le premier, le sacerdoce lévitique, était cruel envers la femme, tandis que le second, le sacerdoce de Melchisédech, la protège. L'Ancien Testament prônait la loi du talion, à savoir, *dent pour dent, œil pour œil*. Ce qui se traduisait par le fait de rendre à chacun le mal pour le mal. En lieu et place, Jésus dit «*A Moi la rétribution*», c'est-à-dire qu'il n'appartient pas à Son disciple de se venger. Jésus est désormais le Vengeur de Ses disciples. Ainsi la loi de Moïse reste la même d'un régime à l'autre, car il y a faute et rétribution du fautif. Mais là où le régime ancien de la lettre autorisait la victime à se rendre justice elle-même, le régime nouveau de l'Esprit reconnaît au Seigneur, et à Lui-seul, le droit de venger et de rétribuer. La nuance est importante. Ainsi la loi de Moïse n'a

> pas changé, c'est son régime d'application qui a changé, de l'Ancien au Nouveau Testament, du sacerdoce lévitique au sacerdoce de Melchisédech. Par exemple, dans l'Ancien Testament, quiconque faisait quelque ouvrage pendant le Sabbat était retranché d'Israël. C'était très sévère car sans amour. Tandis que Jésus de Nazareth a guéri pendant le Sabbat. Jésus n'a pas supprimé le Sabbat de Dieu pour autant, puisque la loi de Moïse le prévoit. C'est que de l'Ancien au Nouveau Testament, le régime d'application du Sabbat a changé. L'ancien régime, celui de la lettre, était un régime de condamnation et de répression, tandis que le nouveau régime, celui de l'Esprit, est celui de l'amour et du pardon.

Comparaison du sacerdoce lévitique et du sacerdoce de Melchisédech

Qu'est-ce qu'un sacerdoce ? En résumant les différentes occurrences de ce mot, le sacerdoce est une vocation, un service fait avec dévotion sans l'influence des facteurs extérieurs tels que le salaire et les conditions de travail. C'est un service basé sur la dévotion à une cause, une divinité, sans l'influence des paramètres financiers et matériels. Le bénévolat est la partie visible du sacerdoce.

Le sacerdoce lévitique représentait un ensemble de services faits par un prêtre – sacrificateur – pour le compte de Dieu, à la demande d'un israélite conscient d'avoir transgressé la loi de Moïse, ou désirant honorer la bienveillance de Dieu à son égard. Dans le premier cas, le prêtre offrait un sacrifice pour le péché, et dans le second, il offrait un sacrifice de communion. Dans tous les cas, le sang d'un animal était offert sur l'autel.

Pour résumer, on définira le sacerdoce lévitique comme un **service de purification et d'adoration par le sacrifice des animaux**.

Le sacerdoce de Melchisédech suit le même rituel que ci-dessus, à la différence que c'est Jésus de Nazareth qui est offert à la place de l'animal. Le prêtre offrant ce sacrifice est encore Jésus-Christ, ainsi que l'autel. Dans le cas du sacerdoce de Melchisédech, le sacrificateur ou prêtre, l'holocauste et l'autel ne font qu'un. Le sacerdoce de Melchisédech est donc un **service de purification et d'adoration par le sacrifice de Jésus de Nazareth offert comme Agneau expiatoire**.

Le sacerdoce lévitique, conduit par les sacrificateurs – prêtres – fils d'Aaron, fils de Lévi, enfermait la loi de Moïse dans une lecture négative. Ainsi quiconque se rendait coupable de transgression de la loi de Moïse, présentait au prêtre, l'animal à sacrifier selon le rituel en vigueur. Il en est du sacrifice pour le péché comme du sacrifice de reconnaissance : il fallait sacrifier un animal. Ce sacerdoce était manifestement le plus sanguinaire jamais pratiqué sous le soleil. Il était offert par les prêtres qui se succédaient d'une génération à l'autre, et à différentes époques. On comprend aussi qu'avec le nombre de péchés commis par un israélite dans l'année, le défilé incessant devant les prêtres occasionnait un budget conséquent.

L'Ecriture nous révèle, via l'épitre aux Hébreux, que le sacerdoce lévitique était incapable, malgré les sacrifices d'animaux, de purifier les péchés du peuple, *car il est impossible que le sang des taureaux et des boucs ôte les péchés* (**Hébreux 10:4**). Ces sacrifices n'étaient qu'une ombre de la réalité à venir, celle du sacerdoce éternel, celui de Jésus de Nazareth, élevé par Dieu à la dignité de Souverain Sacrificateur pour l'éternité selon l'ordre de Melchisédech (**Hébreux 5:6, 10**).

Le sacerdoce de Melchisédech ou de Jésus était donc le sacerdoce attendu, qui allait réellement purifier les péchés commis dans l'ancienne alliance – Ancien Testament ou sacerdoce lévitique. L'Ecriture affirme qu'aucun péché, commis dans l'ancienne alliance, ne fut purifié malgré la récurrence des sacrifices d'animaux : les péchés étaient mis en réserve en attendant le sacrifice unique et parfait, celui de Jésus de Nazareth.

Dans le sacerdoce de Melchisédech, Jésus de Nazareth est l'Agneau expiatoire (**Hébreux 9:12**). Il est aussi le Grand Prêtre qui S'est offert Lui-même (**Hébreux 9:14**). Contrairement aux sacrificateurs lévitiques qui se succédaient d'une génération à l'autre, et aux animaux dont on répétait les mêmes sacrifices chaque année, Jésus est l'Agneau Unique, offert une fois pour toutes par Lui-même. Jésus est aussi le Prêtre Unique, irremplaçable, qui n'offrira JAMAIS un sacrifice pour Ses propres péchés car Il est saint, sans péché, immaculé, contrairement aux sacrificateurs lévitiques. Enfin, Jésus est le temple où Son propre sacrifice a été offert (**Apocalypse 21:22**). C'est pourquoi, la bible atteste que le sacerdoce de Melchisédech est saint, infaillible, immaculé et éternel.

Selon l'Ecriture, le sacerdoce lévitique fut un régime provisoire d'application de la loi de Moïse, en attendant le sacerdoce définitif et éternel, celui de Jésus-Christ. Le sacerdoce de Melchisédech a donc remplacé le sacerdoce lévitique. Le sacerdoce de Melchisédech est le régime nouveau de l'Esprit, qui applique la loi de Moïse avec amour. Une loi qui n'a pas été abolie, mais confirmée. Nuance.

La loi de Moïse selon l'ancien régime ou sacerdoce lévitique (Aaron)

L'Ancien Testament appliquait la loi de Moïse selon le sacerdoce lévitique, où le souverain sacrificateur, fils d'Aaron, présentait chaque année les sacrifices pour, non seulement les péchés du peuple, mais aussi les siens propres. En plus, étant mortels, ces grands prêtres se succédaient d'une génération à

Première partie : LOIS DIVINES OPPOSABLES AUX HOMMES
Deux régimes d'application de la loi de Dieu : (i) la lettre qui tue et (ii) l'Esprit qui fait vivre

l'autre. Tandis que le Nouveau Testament applique la même loi de Moïse selon le sacerdoce de Melchisédech, où le Souverain Sacrificateur, Jésus-Christ, S'est définitivement assis à la droite du Père, en offrant une fois pour toutes Son propre sang en rémission du péché de l'humanité, un péché qu'Il n'avait pas commis Lui-même.

Il ne faut pas confondre la loi et son régime d'application. En disant que la loi de Moïse était bonne, Jésus reconnaissait que le régime d'application pouvait être positif ou négatif. Les pharisiens et les sacrificateurs l'interprétaient selon le régime ancien, celui de la lettre qui tue. Alors que Jésus l'interprétait selon le régime nouveau de l'Esprit qui vivifie. Voilà toute la différence.

L'Ancien Testament – ancienne alliance ou sacerdoce lévitique – n'est pas, à proprement parler, la loi de Moïse. Il s'agit du régime d'application de la loi de Moïse. Tout comme tous les états du monde sont dotés de lois qui, à quelques nuances près, se ressemblent. Sous tous les cieux, le vol est interdit, ainsi que le meurtre, le mensonge, l'escroquerie, les détournements de fonds. Toutefois, selon que le régime est monarchique, impérialiste, princier, républicain, démocratique, théocratique ou laïc, l'application de la loi variera. Certains amputent un voleur tandis que d'autres les rééduquent dans des centres de correction.

On ne peut donc confondre la loi de Moïse avec l'Ancien Testament car celui-ci a été abrogé par le Nouveau Testament ou nouvelle alliance. En effet, la loi de Moïse, déjà présente dans l'ancienne alliance, a été confirmée par Jésus et l'apôtre Paul. Jésus dit en effet : «*Ne pensez pas que Je sois venu abolir la loi ou les prophètes. Je suis venu **non pour abolir, mais pour accomplir**.*» (**Matthieu 5:17**). Et Paul affirme plus loin : «*Est–ce que nous annulons ainsi la loi (Moïse) par la foi ? Certes non ! Au contraire, nous confirmons la loi.*» (**Romains 3:31**).

Selon l'Ecriture, l'Ancien Testament – sacerdoce lévitique – précisait un certain nombre de dispositions à observer en cas de transgression de la loi : il fallait présenter l'offrande pour le péché. Il n'y avait pas d'alternative. Tout péché était sanctionné. On n'exagérera pas en disant que le sacerdoce lévitique représentait un fardeau conséquent dans les dépenses des ménages. On n'y échappait pas. Le principe directeur était le même : «*Maudit soit celui qui n'accomplit pas les paroles de cette loi (Torah) pour les mettre en pratique !*» (**Deutéronome 27:26**).

La loi de Moïse, pourtant bonne, était appliquée avec rigueur et fermeté, conformément au sacerdoce lévitique. Mais nous savons ce que ce régime a apporté au peuple israélite : la déportation en Assyrie et à Babylone. Comme l'a répété, à maintes reprises, le prophète, le peuple israélite n'avait de cesse de transgresser l'ancienne alliance au point de susciter le courroux de Dieu. Aussi, par la bouche du prophète, Dieu annonce le remplacement de l'ancienne alliance par une nouvelle : le Nouveau Testament. L'Ecriture dit en effet :

> «*Voici que les jours viennent,* — *Oracle de l'Éternel, où **Je conclurai avec la maison d'Israël et la maison de Juda une alliance nouvelle, non comme l'alliance que J'ai conclue avec leurs pères, le jour où Je les***

ai saisis par la main pour les faire sortir du pays d'Égypte, alliance qu'ils ont rompue, quoique Je sois leur maître» (**Jérémie 31:31-32**).

Comment pouvait-il en être autrement quand, par la bouche de Jacques, l'Ecriture déclare que «*Quiconque observe toute la loi, mais pèche contre un seul commandement, devient* **coupable envers tous**» (**Jacques 2:10**) ? Il était donc difficile, voire impossible, d'être sauvé par les œuvres de la loi selon le sacerdoce lévitique.

La loi de Moïse selon le nouveau régime ou sacerdoce de Melchisédech (Jésus)

L'Ecriture interdit d'affirmer que la loi de Moïse est mauvaise. C'est contredire le Christ, les apôtres et les prophètes. L'apôtre Paul, grand pourfendeur du *régime ancien de la lettre qui tue*, disait que la loi était *confirmée* (**Romains 3:31**), qu'elle était *sainte* (**Romains 7:12**). Comment comprendre que la loi soit sainte et l'appeler *la lettre qui tue* ? Dans ce cas précis, «*la lettre qui tue*» doit être considérée comme «*l'esprit de la lettre*» avec un petit "e", c'est-à-dire la lecture négative de la loi de Moïse, une lecture incarnée par le sacerdoce lévitique que l'Ecriture désigne comme *le régime ancien de la lettre qui tue* (**Romains 7:6**). Ce régime encourageait à regarder la loi à travers le prisme de la comptabilité. Il suffisait de mesurer le nombre d'actions positives en face des actions négatives. Celui dont la balance penchait du côté du bien, était considéré comme juste. Tandis que le contraire le faisait passer pour méchant. C'est la raison pour laquelle, l'emblème de la justice, dans le monde, est la balance, car les différents états du monde s'inspirent largement de Moïse. Malheureusement pour ce régime ancien, non seulement les sacrifices d'animaux ne pouvaient pas purifier les péchés commis, mais il nous est aussi dit que *quiconque observait toute la loi, mais péchait contre un seul commandement, devenait coupable envers tous* (**Jacques 2:10-12**). On comprend donc le terrible sort de l'israélite de l'ancienne alliance : il ne pouvait tout simplement pas, sous le rapport du sacerdoce lévitique, honorer la loi de Moïse. Autrement dit, quelque bonne et sainte que fût la loi de Moïse, aucun israélite ne pouvait parvenir à la justice de Dieu par elle. Mais la tendance du *régime nouveau de l'Esprit qui fait vivre* dispense le chrétien d'être sauvé par les œuvres de la loi. Il est sauvé par la grâce de Dieu, au moyen de la foi, comme expliqué plus loin. Nous comprendrons alors, et de mieux en mieux, la déclaration de Paul aux romains selon laquelle :

> «*Maintenant, nous sommes dégagés de la loi, car nous sommes morts à ce qui nous tenait captifs,* **de sorte que nous servons sous le régime nouveau de l'Esprit et non plus sous le régime ancien de la lettre.**» (**Romains 7:6**).

Etre dégagé de la loi ne signifie nullement que la loi de Moïse est mauvaise, ou qu'on est libre de la transgresser. Cela signifie que l'on est libéré du sacerdoce lévitique qui, malgré tous les efforts de la terre, ne permettait pas d'atteindre la justice de Dieu par les œuvres de la loi. Tandis que le chrétien parvient à la justice de Dieu par la grâce, au moyen de la foi. C'est cela le régime nouveau de l'Esprit avec grand "E". En d'autres termes, en cas de transgression de la loi de Moïse, le sang de Jésus nous purifie de tout péché. Nous verrons plus loin le fondement de cette foi.

Première partie : LOIS DIVINES OPPOSABLES AUX HOMMES
Deux régimes d'application de la loi de Dieu : (i) la lettre qui tue et (ii) l'Esprit qui fait vivre

Nous insistons pour dire qu'être dégagé de la loi ne signifie pas qu'on est libre de la transgresser. Cela signifie que le régime ancien de la lettre est aboli. Cela signifie qu'en cas de transgression de la loi de Moïse, plutôt que de subir la condamnation, nous avons auprès de Dieu un Avocat, Jésus-Christ le Juste, dont le sang nous purifie de tout péché. Nous sommes donc purifiés par ce sang. C'est ainsi que Jésus pouvait pardonner à la femme adultère tout en la dissuadant de pécher de nouveau. Il dit à la femme adultère, «*Va mais ne pèche plus*». Jésus était-Il contre la loi de Moïse ? Non puisqu'Il l'avait maintes fois soutenue. Encourageait-Il les femmes mariées à l'adultère ? Non car Il recommanda à cette femme de ne plus pécher, c'est-à-dire, de ne plus enfreindre la loi de Moïse. Cependant Il était contre le régime ancien de la lettre qui servait de prétexte aux Juifs pour lapider la femme adultère. C'est ce régime ancien que l'Ecriture appelle «*la lettre qui tue*» contrairement au régime nouveau appelé «*l'Esprit qui fait vivre*». En dépit du péché, Jésus encourageait à se repentir et à aller de l'avant. Alors que le régime ancien punissait systématiquement, Jésus donnait une chance à ceux qui croyaient en Lui.

Un abus de langage à éviter

Dans plusieurs passages du Nouveau Testament, l'expression *loi de Moïse* est mentionnée au sens péjoratif alors que Jésus est venu l'accomplir et, plus loin, l'apôtre Paul la déclare confirmée. Ces passages ont souvent été cités lorsque l'apôtre affrontait des Juifs qui forçaient les chrétiens non-Juifs à judaïser, c'est-à-dire, à honorer le sacerdoce lévitique dont, entre autres, l'obligation de se circoncire. Afin d'éviter cet abus de langage, il est recommandé de

*Du sacerdoce lévitique au sacerdoce du Christ, la lumière sur
le salut par la grâce au moyen de la foi
− Sur le fondement des apôtres et des prophètes −*

distinguer la loi de Moïse, qui est bonne, du sacerdoce lévitique, qui a été aboli dès l'entrée en vigueur du salut par la foi en Christ − sacerdoce de Melchisédech.

Récapitulatif des comparaisons entre le sacerdoce lévitique et le sacerdoce de Melchisédech

Antériorité et préséance du sacerdoce de Melchisédech sur le sacerdoce lévitique. Bien que le salut par la foi soit au cœur du régime nouveau de l'Esprit − Nouveau Testament − il a néanmoins précédé le régime ancien de la lettre ou Ancien Testament. Le sacerdoce nouveau était déjà en vigueur lorsqu'Abraham, ancêtre de Lévi, paya sa dîme à Melchisédech, roi de Salem et figure messianique du Christ. Le sacerdoce lévitique fut introduit plus tard par Moïse, comme une parenthèse appelée à se refermer. Une fois Jésus glorifié, la parenthèse lévitique fut refermée. Dans le Temple du ciel, vu par Moïse depuis le Mont Sinaï, le Souverain Sacrificateur est Jésus-Christ, de la tribu de Juda et non de Lévi.

Deux auteurs différents derrière les deux sacerdoces : l'ange de l'Eternel et Jésus-Christ. Le sacerdoce lévitique fut révélé à Moïse par des anges. Ce n'est pas l'Eternel, Lui-même, qui parlait à Moïse, mais l'ange de l'Eternel à travers l'arche de Dieu. Il est en effet écrit : «*La loi a été promulguée par des anges, au moyen d'un médiateur.*» (**Galates 3:19**). Ce sont ces anges de l'Eternel qui étaient une colonne de feu la nuit et une colonne de fumée le jour, pendant les quarante années du peuple israélite au désert. Or l'ange de l'Eternel n'est pas Dieu tandis que Jésus-Christ L'est. Jésus-

Première partie : LOIS DIVINES OPPOSABLES AUX HOMMES
Deux régimes d'application de la loi de Dieu : (i) la lettre qui tue et (ii) l'Esprit qui fait vivre

Christ est reconnu par l'Ecriture comme supérieur aux anges (**Hébreux 1:4**). C'est Jésus-Christ, en personne, qui révéla l'évangile du salut aux douze disciples, à l'apôtre Paul. Il est en effet précisé : «*Car si la **parole (Moïse) prononcée par des anges a eu son effet (...) comment échapperons-nous, si nous négligeons un si grand salut ? Ce salut, annoncé à l'origine par le Seigneur Jésus-Christ...*»* (**Hébreux 2:2-3**).

Différence entre la loi et le régime d'application de la loi. La loi de Moïse, bien qu'introduite au même moment que le sacerdoce lévitique, ne doit pas être confondue avec ce dernier. La loi de Moïse reflète la sainteté de Dieu, laquelle ne varie jamais. En revanche, son régime d'application change de l'Ancien au Nouveau Testament qui est le régime nouveau de l'Esprit. La loi de Moïse est donc bonne et inaliénable, dixit Jésus et l'apôtre Paul. C'est le régime d'application qui change. Le sacerdoce lévitique dit qu'on est sauvé par les œuvres de la loi de Moïse, tandis que le sacerdoce de Melchisédech dit qu'on est sauvé par la foi en Christ. Toutefois, le contenu de la loi de Moïse ne varie pas d'un sacerdoce à l'autre.

Différence fondamentale entre le sacerdoce lévitique et le sacerdoce de Melchisédech. Le fondement du régime ancien de la lettre, ou sacerdoce lévitique, est *le salut par les œuvres de la loi*, selon qu'il est écrit : «*Maudit soit celui qui n'accomplit pas les paroles de cette loi (Torah) pour les mettre en pratique !*». Tandis que le régime nouveau de l'Esprit, ou sacerdoce de Melchisédech, a pour crédo : «*Mon juste vivra par la foi*» ou encore «*C'est par la grâce qu'on est sauvé, au moyen de la foi*». Alors que la sainteté, dans l'ancien régime, se mesurait aux performances – œuvres – de l'homme dans l'exécution des lois de Moïse, la sainteté, selon le nouveau régime, se mesure à la foi en Jésus-Christ. Par la loi de Moïse, on était sauvé ou condamné. C'était le régime de la justice par les œuvres de la loi. Autant dire qu'il n'était pas possible d'atteindre la justice de Dieu par ce régime car l'homme naturel en était incapable, et ce dès la naissance, à cause de la racine héréditaire du péché (**Romains 7:22-23**). Gloire à Dieu ! Selon le régime nouveau de l'Esprit, on est sauvé par la grâce, au moyen de la foi en Jésus, l'Agneau de Dieu qui ôte le péché du monde. On n'est plus sauvé par nos prouesses – œuvres – dans l'obéissance à Moïse, chose impossible à la chair, mais plutôt par la foi en Christ. Aujourd'hui, le régime nouveau de l'Esprit ne nous oblige pas à faire une œuvre quelconque comme condition pour être sauvé. L'homme a juste à croire. C'est pourquoi il est dit que l'ancien régime, celui de la lettre, répandait un parfum de mort car personne ne pouvait réellement être sauvé par lui. Mais le nouveau régime, celui de l'Esprit, répand un parfum de vie et de résurrection.

Traitement du péché dans l'Ancien et le Nouveau Testament. Vis-à-vis du péché qui est la transgression de la loi, l'Ancien Testament recommandait la purification par le sang des animaux pourtant incapable d'effacer les péchés (**Hébreux 10:4**). Le sang des animaux se contentait de purifier l'extérieur du corps, mais pas la conscience. En S'offrant Lui-même, comme victime expiatoire sans défaut, Jésus purifie la conscience du pécheur repentant. Ainsi la purification n'est plus extérieure, celle de la chair qui réclamait le sacrifice incessant d'animaux. Cette fois, le sang de Jésus purifie la conscience de tout péché, un sang versé une fois pour toutes sans que d'autres sacrifices soient nécessaires, car Jésus a déjà été crucifié et ne peut plus l'être une seconde fois (**Hébreux 9:13-14**).

La promesse d'Abraham ne peut atteindre les nations qu'à travers Jésus-Christ. Dieu n'avait pas limité les bénédictions d'Abraham aux seuls Juifs biologiques. Il est écrit en effet : «*L'Écriture, prévoyant que **Dieu justifierait les païens – non-Juifs – par la foi**, a d'avance annoncé cette bonne nouvelle à Abraham : **Toutes les nations – Juifs et non-Juifs – seront bénies en toi.**»* (**Galates 3:8**). Mais comment *toutes les nations* seraient-elles bénies en Abraham quand sa descendance biologique fut décimée par de nombreuses déportations ? Il est manifeste, qu'à l'avènement de Jésus-Christ, Israël était un territoire occupé par Rome, sous gouvernance étrangère – Ponce Pilate. Seul le sacrifice de Jésus sur la croix peut ouvrir les bénédictions d'Abraham à toutes les nations, comme le précise l'apôtre Paul aux Galates : «*Christ nous a rachetés de la malédiction de la loi (...) **afin que, pour les païens, la bénédiction d'Abraham se trouve en Jésus-Christ**»* (**Galates 3:13-14**).

Caractère provisoire du sacerdoce lévitique. En s'appuyant sur les œuvres de la loi, le sacerdoce lévitique a, selon l'histoire, atteint ses limites car les Juifs furent déportés en Assyrie et en Babylone. C'est donc à cause de multiples transgressions de la loi que Dieu a rejeté le sacerdoce lévitique, l'ancienne alliance, selon qu'il est écrit :

> «*C'est pourquoi, en entrant dans le monde, le Christ dit à Son Père : **Tu n'as voulu ni sacrifice, ni offrande** ; Mais Tu M'as formé un corps. **Tu n'as agréé ni holocaustes, ni sacrifices pour le péché**. Alors J'ai dit : Voici : Je viens, – Dans le rouleau du livre il est écrit à Mon sujet – Pour faire, ô Dieu, Ta volonté. **Il dit d'abord : Tu n'as voulu et**

> ***Tu n'as agréé ni sacrifices, ni offrandes, ni holocaustes, ni sacrifices pour le péché qui cependant sont offerts selon la loi.*** *Puis Il dit : Voici : Je viens pour faire Ta volonté.* ***Il abolit donc le premier culte pour en établir un second.***» (**Hébreux 10:5-9**).

Le sacerdoce lévitique ne pouvait donc pas atteindre les promesses d'Abraham, notamment celle relative aux nations, selon qu'il est écrit :

> «*Aussi **l'Écriture, prévoyant que Dieu justifierait les païens par la foi**, a d'avance annoncé cette bonne nouvelle à Abraham : **Toutes les nations seront bénies en toi***» (**Galates 3:8**).

Enfin, la promesse de Dieu de perpétuer la royauté de David, ne peut trouver son accomplissement qu'à travers le sacerdoce de Melchisédech, car c'est en vertu de ce sacerdoce que Christ a été fait Souverain Sacrificateur pour l'éternité. Il est en effet manifeste que la royauté terrestre de David a pris fin lors de la déportation de Juda en Babylone. Mais la promesse de Dieu à David couvrait l'éternité. Cette promesse est définitivement entrée en vigueur en Jésus-Christ, Fils de David, aujourd'hui assis, pour l'éternité, à la droite – sur le trône – du Père.

En définitive, le sacerdoce lévitique ne pouvait pas atteindre la justice de Dieu en faveur des nations. Seul le sacerdoce de Melchisédech permet de l'atteindre selon qu'il est écrit : «*Les païens, qui ne recherchaient pas la justice,* ***ont obtenu la justice – la justice qui vient de la foi***» (**Romains 9:30**). Ainsi la justice visée par la loi de Moïse, ne pouvait être atteinte sous le régime ancien de la lettre qui prônait le **salut par les œuvres de la loi** ; mais seulement par le régime nouveau de l'Esprit dont le crédo est **le salut par la grâce, au moyen de la foi.** Quand Dieu regarde l'homme à travers la loi de Moïse, Il est attristé car *il n'y a pas de juste, pas même un seul ; nul n'est intelligent, nul ne cherche Dieu. Tous se sont égarés, ensemble ils sont pervertis, il n'en est aucun qui fasse le bien, pas même un seul* et que *tous sont privés de la gloire de Dieu* (**Romains 3:10-12, 23**). En revanche, lorsque Dieu regarde l'homme à travers le sacrifice de Jésus-Christ, Il est heureux de Se réconcilier avec l'homme. Dieu peut alors sceller le salut de cet homme en mettant Son Esprit-Saint au-dedans de lui. C'est cela le régime nouveau de l'Esprit.

Première partie : LOIS DIVINES OPPOSABLES AUX HOMMES

Conclusions sur la première partie

Nous avons examiné, depuis le livre de la Genèse, différentes lois relatives à la sainteté de Dieu. La plupart de ces lois fut regroupée dans ce qu'on appelle habituellement *«Lois de Moïse»* ou *«Les dix commandements»*. Ces lois ont été révélées aux hommes afin qu'ils poursuivent la sainteté et vivent longtemps.

Tout au long des Ecritures, nous voyons apparaître deux régimes d'application de la loi de Dieu : le régime ancien de la lettre et le régime nouveau de l'Esprit. Le premier régime est le sacerdoce lévitique ou ancienne alliance ou Ancien Testament. Le second régime est celui de la nouvelle alliance en Christ ou Nouveau Testament ou sacerdoce de Melchisédech. Au début du ministère terrestre de Jésus-Christ, le Seigneur déclare qu'Il n'est pas venu abolir la loi de Moïse, mais l'accomplir. Plus loin, dans son épître aux Romains, l'apôtre Paul déclare que la loi de Moïse n'est pas annulée mais confirmée.

En apparence, on a l'impression d'être en contradiction. Comment dire qu'une loi est accomplie et confirmée, puis déclarer que *«nous sommes dégagés de la loi»*, *«nous sommes morts à la loi»*, *«nous ne sommes plus sous le régime ancien de la loi de Moïse»*, etc. ?

Ces propos ont été développés dans le Nouveau Testament par un juriste accompli, l'apôtre Paul, docteur de la loi. La doctrine de Paul fait ressortir le juriste qu'il était dans sa formation initiale de

Du sacerdoce lévitique au sacerdoce du Christ, la lumière sur
le salut par la grâce au moyen de la foi
– Sur le fondement des apôtres et des prophètes –

pharisien, disciple du grand rabbin Gamaliel. Or en droit, il ne faut pas confondre la loi et son régime d'application. Ils sont proches mais totalement différents. La loi est morale, un cadre de définition de ce qui est bien ou mal, de ce qu'il convient de faire ou ne pas faire. Tandis que le régime d'application – ou décret d'application pour certains pays – précise la manière d'interpréter la loi. Il ne faut donc pas confondre la loi de Moïse et le régime ancien d'application, appelé sacerdoce lévitique, quoique ces deux actes fussent inaugurés au même moment, sous la conduite des anges, au moyen d'un médiateur qui était Moïse. La loi de Moïse est morale. Dieu ne peut l'abolir. C'est le régime d'application de cette loi qui a changé en passant du sacerdoce lévitique au sacerdoce de Melchisédech.

La question demeure celle-ci : dans quel régime vivons-nous ? Celui de Lévi ou celui de Jésus-Christ ? L'exécution de la loi de Moïse, sous le sacerdoce lévitique, a conduit l'humanité, disons la race juive représentative de cette humanité, à un échec total. Voici ce qu'en dit l'Ecriture :

> *«Il n'y a pas de juste, pas même un seul ; nul n'est intelligent, nul ne cherche Dieu. Tous se sont égarés, ensemble ils sont pervertis, il n'en est aucun qui fasse le bien, pas même un seul. Leur gosier est un sépulcre ouvert, ils usent de tromperie avec leurs langues. Ils ont sous leurs lèvres un venin d'aspic. Leur bouche est pleine de malédiction et d'amertume. Ils ont les pieds légers pour répandre le sang, la destruction et le malheur sont sur leur chemin, ils n'ont*

> *pas connu le chemin de la paix. La crainte de Dieu n'est pas devant leurs yeux.»* **(Romains 3:10-18)**.

Ce constat de l'apôtre Paul, paraphrasant le prophète Jérémie et le Psalmiste, est sans appel : personne ne fut et ne pouvait être déclaré juste sous le sacerdoce lévitique. Comment pouvait-il en être autrement, dès lors que de nombreuses indications attestaient que l'israélite, dès la naissance, était condamné à transgresser la loi de Moïse ? Le sacerdoce lévitique précisait en effet ce qui suit :

> «*Maudit soit celui qui n'accomplit pas les paroles de cette loi pour les mettre en pratique !*» (**Deutéronome 27:26**).

Et Jacques déclare plus loin :

> «*Quiconque observe toute la loi, mais pèche contre un seul commandement, **devient coupable envers tous**»* (**Jacques 2:10**).

Ce sacerdoce définissait la sainteté comme l'état de celui qui pratiquait toute la loi de Moïse sans exception, ni défaillance, car la moindre faute valait transgression de toute la loi, comme le stipule **Jacques 2:10**. Comment pouvait-on atteindre la justice de Dieu par l'application de cette loi ? Tel fut le dilemme du peuple israélite pendant le sacerdoce lévitique. Non pas que la loi de Moïse fût le problème, mais parce que le salut reposait sur le respect intégral de cette loi, sans exception, ce qui était humainement impossible. D'où le constat désolant de l'apôtre Paul : *Il n'y a pas de juste, pas même un seul* (**Romains 3:10**).

Du sacerdoce lévitique au sacerdoce du Christ, la lumière sur
le salut par la grâce au moyen de la foi
– Sur le fondement des apôtres et des prophètes –

Ce n'est pas la loi de Moïse qui posait problème dans le sacerdoce lévitique, mais l'obligation faite à toute personne, désireuse d'être sauvée, de pratiquer intégralement la loi, sans exception. La loi de Moïse était bonne, mais l'obligation de l'observer intégralement, pour être sauvé, était impossible. Ainsi l'Ecriture déclare-t-elle que le sacerdoce lévitique était celui de la *lettre qui tue*. Face au constat désolant de l'apôtre Paul, sur un régime conduisant tous les hommes à la condamnation sans appel, il était temps que Dieu, bon et miséricordieux, offre aux hommes une alternative moins pénible. C'est là que Jésus entre en scène pour proposer, non pas le salut par les œuvres de la loi de Moïse – loi bonne malgré tout – mais le salut par la foi en Lui. Ainsi l'homme n'a plus besoin d'accomplir les œuvres de la loi de Moïse pour être sauvé. L'homme doit croire en Jésus-Christ pour être sauvé. C'est le régime nouveau de l'Esprit, l'ère de la grâce, objet du chapitre suivant, qui expliquera comment cette grâce ne vient pas par hasard. Il s'agit d'une grâce envers l'homme. Pas envers Jésus car Jésus fut crucifié sur la croix par la faute du monde que Dieu – Son Père – a tant aimé.

DEUXIEME PARTIE :

JUSTICE, CONDAMNATION ET GRACE

Deuxième partie : JUSTICE, CONDAMNATION ET GRACE

Le sacerdoce lévitique et le régime de la condamnation

Il est raisonnable, avant d'évoquer la question de la grâce, de rappeler le poids de la condamnation dans le sacerdoce lévitique.

Suivant la conclusion de la première partie, le sacerdoce lévitique reposait essentiellement sur l'obligation, pour quiconque voulait être sauvé, de pratiquer toute la loi de Moïse, sans tache, ni défaut. Or, il n'était matériellement pas possible à l'être humain de s'acquitter des exigences de ce sacerdoce. D'où cette sentence sans appel : *Tous ont péché, tous sont privés de la gloire de Dieu*. Il ne fait aucun doute que le bilan du sacerdoce lévitique est la condamnation du pécheur, sans appel possible.

La condamnation est la réponse de Dieu à toute transgression de Sa sainteté

Nous avons découvert que Dieu est saint et que Sa sainteté est très exigeante. Les lois de Moïse permettent d'en avoir un net aperçu. Dieu ponctuait chaque lecture de la loi par cette phrase récurrente : «*Vous serez saints car Je suis saint, Moi, l'Eternel, votre Dieu*». Les exigences de cette sainteté justifiaient les sanctions contre les fautifs.

Du sacerdoce lévitique au sacerdoce du Christ, la lumière sur
le salut par la grâce au moyen de la foi
– Sur le fondement des apôtres et des prophètes –

C'est un impératif que toute transgression de la sainteté de Dieu soit punie. Toute transgression, puisque *l'âme qui pèche est celle qui mourra* et, *sans effusion de sang, il n'y a pas de pardon* (**Hébreux 9:22**). Adam pécha et mourut. Moïse et Aaron transgressèrent la sainteté de Dieu et moururent, leurs ministères respectifs revenant à leurs successeurs, Josué et Eléazar. Tout péché entraîne une sanction. Aucun péché ne peut rester impuni. Telle est l'exigence de la sainteté de Dieu, car Dieu est saint et Il tient à ce que Ses créatures le sachent. Dieu ne tolère aucune transgression de Sa sainteté, directement (divination) ou indirectement (infidélité). Aucune.

La loi de Moïse étale, à longueur des livres d'Exode, du Lévitique, des Nombres et du Deutéronome, les condamnations aux différentes transgressions. Chaque condamnation était assortie d'un sacrifice d'animal. Aucun péché n'était épargné. Dieu avait même prévu les cas de fautes inconnues et non dénoncées. Ainsi, le grand prêtre ou souverain sacrificateur, fils d'Aaron, avait l'obligation, une fois chaque année, d'organiser une cérémonie solennelle d'expiation des fautes inconnues. Dieu s'assurait ainsi que chaque année démarrait sous de meilleurs auspices pour le peuple israélite, sachant que toute faute cachée était expiée lors de la cérémonie collective.

Selon le sacerdoce lévitique, toute faute entraînait la condamnation du coupable, assortie des dommages à réparer et d'un animal à sacrifier. Toute réparation comprenait des dommages et intérêts, tandis que les sacrifices d'animaux représentaient les amendes. Nous avons vu, plus haut, le principe de la double transgression pour chaque faute commise : l'une contre le plaignant et l'autre contre la loi représentée par le ministère public. Lorsque le plaignant reçoit des dommages et intérêts, le ministère public reçoit des amendes.

Jésus fut condamné à mort selon le régime ancien de la lettre

> «*Dieu qui n'a pas épargné Son propre Fils, mais qui L'a livré pour nous tous, comment ne nous donnera–t–Il pas aussi tout avec Lui, par grâce ? Qui accusera les élus de Dieu ? Dieu est celui qui justifie !* **Qui les condamnera ? Le Christ–Jésus est celui qui est mort.**» **Romains 8:31-34**.

Dieu n'a pas épargné Son propre Fils, Jésus de Nazareth. C'est ce que l'Ecriture nous enseigne. S'étant chargé des péchés du peuple, Jésus-Christ est devenu, devant Dieu, le plus gros transgresseur de l'humanité. Il convenait donc que ce Dieu Le condamnât conformément à la loi en vigueur, celle de Moïse. Et c'est ce qui arriva. Jésus fut pendu sur la croix. C'est en vertu du sacerdoce lévitique – Sa condamnation fut instrumentalisée par le clergé juif présidé par Caïphe, souverain sacrificateur fils d'Aaron – que Jésus fut livré à l'administration romaine pour être exécuté.

Nous ne devons pas, par quelque laxisme, ignorer que la croix est le moyen par lequel Dieu a sévèrement puni Jésus-Christ, en vertu de Sa sainteté : *l'âme qui pèche est celle qui mourra*. Jésus n'a pas péché directement, c'est bien compris. Mais Jésus a accepté de porter les péchés de l'humanité. C'est-à-dire qu'Il a accepté d'être reconnu coupable des péchés commis par les autres, l'humanité. Selon une exigence de la sainteté de Dieu, rappelée plus haut, si le coupable ne peut racheter sa faute par son propre sang, Dieu accepte qu'un innocent meure à sa place, jamais l'inverse. Jésus étant saint, innocent et immaculé, Il était le sacrifice parfait pouvant expier la faute de tout le monde, bons et méchants compris. Jésus était donc l'Agneau parfait, sans tache, ni ride, pouvant expier toutes sortes de transgressions commises par les hommes.

Il doit être bien compris, qu'en allant à la croix de Golgotha, Jésus-Christ représentait l'humanité issue du premier Adam, celui qui fut expulsé du Jardin d'Eden.

C'est en vertu de la crucifixion de Jésus-Christ qu'un pécheur peut demander à être purifié de ses péchés. Dieu se rappelant du sang de Jésus, l'Agneau expiatoire sans défaut, accède à la demande du pécheur et sa conscience est purifiée.

Nous insistons encore pour dire que le pardon des péchés des chrétiens, ne traduit pas le fait du prince, privilège pour nantis de ce monde, à l'instar d'un seigneur accordant aux siens des privilèges particuliers. Que non ! Les péchés des chrétiens sont pardonnés parce qu'ils croient que Jésus est l'Agneau expiatoire qui a porté leurs péchés, S'est rendu coupable devant Dieu, à leur place, avant d'être pendu sur la croix de Golgotha, comme l'exigeait le sacerdoce lévitique. Jésus S'est donc trouvé maudit selon qu'il est écrit : «*Christ nous a rachetés de la malédiction de* *la loi, **étant devenu malédiction pour nous** – car il est écrit : **Maudit soit quiconque est pendu au bois**»* (**Galates 3:13**).

Il n'y a donc pas de laxisme dans le fait que les péchés des chrétiens soient pardonnés devant Dieu. C'est parce que Jésus-Christ a porté les péchés des chrétiens, ce qui Lui valut d'être pendu sur la croix de Golgotha. La mort de Jésus est considérée comme celle de tous les chrétiens, selon qu'il est écrit : «*Un seul (Christ) est mort pour tous, donc tous sont morts*» (**2 Corinthiens 5:14**).

La condamnation de Jésus, le dernier Adam, et ses conséquences pour l'humanité

> «*C'est pourquoi il est écrit : Le premier homme, Adam, devint un être vivant. **Le dernier Adam (Jésus) est devenu un esprit vivifiant.***» **1 Corinthiens 15:45**.

Pourquoi Jésus-Christ est-Il appelé "dernier Adam" ? L'apôtre Paul, comme nous l'avons relevé précédemment, était docteur de la loi en Israël, parfaitement imprégné du droit et de ses pratiques. Ayant accepté de porter les péchés de l'humanité adamique, Jésus-Christ S'est rendu coupable de la totalité des péchés commis par Adam et toute sa descendance. La descendance adamique comprend le premier Adam et sa femme Eve, leurs descendants sans exception, notamment ceux qui sont nés avant Jésus-Christ,

*Du sacerdoce lévitique au sacerdoce du Christ, la lumière sur
le salut par la grâce au moyen de la foi
– Sur le fondement des apôtres et des prophètes –*

après Lui, aujourd'hui et jusqu'à la fin des temps. Le dernier-né de cette lignée, que nous ne connaissons pas encore, relèvera aussi de la descendance adamique. Ce futur dernier-né de la lignée adamique est aussi concerné par le sang versé sur la croix de Golgotha. Jésus a donc également porté les péchés de ce dernier descendant, annoncé à la fin des temps. Pourquoi ? Voici l'explication. La condamnation de la race adamique, prononcée par Dieu dans le Jardin d'Eden, est irrévocable. Toute la race adamique a été condamnée par Dieu. Au lieu que cette race offre son propre sang pour se racheter, Jésus Se porta volontaire car Il est innocent et immaculé. En acceptant de porter la descendance adamique sur la croix de Golgotha, Jésus est devenu **l'Agneau qui ôte le péché du monde**. Par Son sacrifice, Jésus a accepté de tourner la page de la descendance Adamique qui a échoué. C'est pourquoi, Jésus-Christ est appelé *dernier Adam*. Parce qu'Il a porté les péchés du premier Adam et de toute sa descendance, dont le dernier-né prévu à la fin des temps. Il n'est pas le dernier-né de cette descendance, mais Il vient y mettre un terme, d'où le surnom "dernier Adam" qui Lui est collé.

Jésus est appelé *dernier Adam,* à distinguer du premier Adam, coupable, avec sa femme Eve, du péché originel.

> En tant que *dernier Adam*, Jésus-Christ est le dernier symbole de la lignée adamique. La mort de Jésus à la croix signifie l'extinction définitive de la race adamique devant Dieu. Le premier Adam et Eve, leurs

descendants dont le dernier-né prévu à la fin des temps, font partie de cette lignée que Jésus-Christ a éteinte, car cette lignée a échoué. C'est le fait souverain de Dieu, même si Jésus est mort il y a deux mille ans et que le dernier-né de la lignée adamique n'est pas encore connu. Nous l'acceptons par la foi. En ressuscitant le troisième jour, Jésus-Christ a inauguré une ère nouvelle. Il est ainsi devenu le Premier-Né de la nouvelle création de Dieu. C'est pourquoi, plutôt que de l'appeler Second Adam, l'Ecriture parle du Second Homme car *«Le premier homme (premier Adam) tiré de la terre est terrestre. Le **Second Homme** (Jésus-Christ) vient du ciel.»* (**1 corinthiens 15:47**). L'Ecriture dit aussi que Jésus-Christ est le *Premier-Né d'entre les morts* (**Colossiens 1:18, Apocalypse 1:5**) parce qu'avant Lui, personne n'était revenu de la mort pour vivre éternellement. En ressuscitant des morts, Jésus-Christ a inauguré une nouvelle création, celle des enfants de Dieu, l'Eglise. C'est pourquoi, l'Ecriture dit aussi de Jésus-Christ, qu'Il est le Premier-Né de la nouvelle création de Dieu (**Colossiens 1:15**). On aurait pu parler du Second Adam, mais

> l'Ecriture retient une autre syntaxe : *Second Homme* afin de Le distinguer du *premier Adam*, ancêtre de l'humanité. Jésus ayant éteint la race adamique, c'est une illusion de croire que cette race est capable d'amélioration. Elle ne le peut pas. Le salut en Christ ne consiste donc pas à améliorer le monde actuel qui descend du premier Adam, mais à inaugurer une nouvelle création où Jésus-Christ est le Premier-Né. En disant *qu'on ne met pas le vin nouveau dans de vieilles outres*, Jésus indiquait qu'Il ne venait pas améliorer l'existant. Il inaugurait une nouvelle ère, celle de la grâce, avec de nouvelles créatures de Dieu en Christ : les chrétiens.
>
> En résumé, en tant que *dernier Adam*, Jésus-Christ a éteint la race adamique. Mais en tant que Second Homme, Jésus-Christ a inauguré la nouvelle création de Dieu.

Le chrétien ne relève donc pas de la race adamique. Il n'en fait plus partie car cette race a été éteinte par la mort du

dernier Adam, Jésus, sur la croix. L'église est donc composée des fils du royaume d'en haut, et non plus, du monde d'en bas. En disant que les enfants de Dieu naissent d'eau et d'Esprit (Jean 3:5), Jésus entérine cette vérité.

La première conséquence de cette vérité est que, celui qui croit que Jésus-Christ est l'Agneau de Dieu qui ôte le péché du monde, est sauvé. Mais celui qui ne croit pas est DEJA jugé. Pourquoi "DEJA" ? Parce qu'à travers Jésus, la race adamique a été condamnée sur la croix de Golgotha, sans appel possible. La race adamique a été jugée. Celui qui ne croit pas, reste enseveli pour toujours dans la tombe avec le dernier Adam (Jésus). Une tombe qu'il ne quittera jamais car il ne croît pas que Jésus l'ai quittée. En effet, pour cet incrédule, Jésus est toujours dans la tombe jusqu'à ce jour et éternellement. Selon la parole de Dieu, ceux qui croient en Jésus sont, non seulement morts sur la croix avec Lui, mais aussi ressuscités avec Lui – sortie de tombe. Quiconque ne croit pas, reste donc enseveli dans la tombe, sans ressusciter le troisième jour avec Christ. C'est insinuer que Jésus est mort pour rien. C'est fouler au pied le sang de Jésus. La croix a tué le Seigneur qui S'était porté garant, devant Dieu, pour les péchés de l'humanité. Celui qui n'accepte pas cette vérité, insinue qu'il n'a rien à voir avec l'œuvre rédemptrice de Christ sur la croix. Dieu ne peut donc pas lui faire bénéficier des retombées du sacrifice de Jésus. La première retombée est que *celui qui invoquera le nom de Jésus sera sauvé*, c'est-à-dire qu'il reconnaît que Jésus est l'Agneau de Dieu qui ôte les péchés du monde – le sien y compris – que la mort de Jésus sur la croix est aussi la sienne, et que la résurrection de Jésus-Christ, au troisième jour, par la force de l'Esprit Saint, est aussi la sienne, selon qu'il est écrit :

> *«Si nous avons été unis à Jésus-Christ par une mort semblable à la Sienne, nous le*

serons aussi par une résurrection semblable à la Sienne.» **(Romains 6:5/Bible Semeurs)**.

Jésus affirma ce qui suit : «*Celui qui croit en Moi n'est pas jugé ; mais celui qui ne croit pas est **déjà jugé***» **(Jean 3:18)**. Ce jugement **anticipé** vient de ce que le dernier Adam, Jésus-Christ, a été jugé et exécuté à cause des péchés de la descendance adamique. Tout homme, né de femme, fait partie de cette descendance. Jésus, le dernier Adam, étant mort sous le coup de la loi de Moïse, tout homme, né de femme, est considéré comme ayant été greffé dans le corps crucifié de Jésus à Golgotha. Celui qui ne confesse donc pas (ne croit pas) que Jésus est l'Agneau de Dieu qui ôte le péché du monde, méconnaît Christ et Son rôle de Sauveur. Il ne bénéficiera donc pas des retombées du sacrifice de Jésus sur la croix. La première retombée de ce sacrifice est que, **quiconque croit que Jésus-Christ est le Fils de Dieu, profite de Sa résurrection. Celui qui ne croit pas, n'en profitera pas**. Celui qui

> croit, est considéré comme ayant ressuscité avec Christ le troisième jour. On dit de celui-là qu'il marche désormais en *nouveauté de vie,* qu'il est une *nouvelle créature,* qu'il est *né de nouveau*. Tandis que celui qui ne croit pas, demeure dans la tombe du jugement. Il n'est pas une nouvelle créature. Il demeure dans la tombe comme un corps crucifié qui ne bénéficie pas de la résurrection. Il ne marche pas en nouveauté de vie. Il est mort selon qu'il est écrit «*Laissez les morts enterrer leurs morts*». Celui qui ne croit pas est donc mort, c'est pourquoi il est écrit, qu'il est **DEJA** jugé. Son jugement n'aura plus lieu dans le futur. Son jugement a eu lieu anticipativement par la crucifixion de Jésus à Golgotha. Il est donc DEJA jugé. Le jugement dernier décrit dans **Apocalypse 20:12-15** ne sera qu'une formalité pour lui.

Le bénéfice de la crucifixion de Jésus-Christ illustre la grâce de Dieu. C'est pourquoi l'Ecriture affirme que, selon le régime nouveau de l'Esprit ou sacerdoce de Melchisédech, *on est sauvé par la grâce.*

Du sacerdoce lévitique au sacerdoce du Christ, la lumière sur le salut par la grâce au moyen de la foi
– Sur le fondement des apôtres et des prophètes –

Considérons encore un décret présidentiel ou royal, accordant l'amnistie – grâce – à des condamnés pour divers crimes. Les prisonniers acceptant cette loi d'amnistie, seront libérés. Tandis que ceux doutant de la sincérité du décret, resteront dans leurs geôles comme toujours prisonniers. **La crucifixion de Jésus est l'acte solennel par lequel Dieu accorde l'amnistie à toute la descendance d'Adam, pour l'ensemble des péchés commis du premier Adam au dernier-né de cette lignée à la fin des temps,** *afin que quiconque croit en Jésus-Christ ne périsse pas mais qu'il ait la vie éternelle.* Toutefois, il y a des gens qui pensent avoir tellement fait de mal qu'ils ne peuvent bénéficier de la crucifixion de Jésus. Ceux qui croient sont sauvés. Mais ceux qui ne croient pas restent dans les liens de la culpabilité et de la condamnation. C'est pourquoi, l'Ecriture affirme que, ceux qui ne croient pas sont DEJA jugés. Tout le monde est-il sauvé pour autant ? Ceux qui ne croient pas que Jésus est le Sauveur du monde, demeurent dans les liens de la

> condamnation. Ceux-là ne sont pas sauvés. Ils sont DEJA jugés. **Apocalypse 20:12-15** ne sera qu'une formalité pour eux.

Le sacerdoce lévitique met en évidence la puissance du péché chez l'homme

De nombreuses questions subsistent, telles que : Pourquoi avoir introduit le sacerdoce lévitique sachant que c'est un régime de condamnation et de jugement, et que l'homme ne pouvait atteindre la justice de Dieu sous ce régime ? Pourquoi Dieu est-Il passé par là ? L'Ecriture pose la même question (**Galates 3:19**) et se demande pourquoi a-t-il fallu que l'homme ait à respecter une loi qu'il était condamné à transgresser, quoiqu'il fît. La première explication est qu'il existera toujours un décalage dans le temps entre ce que Dieu sait et ce que l'homme découvre. Si Dieu savait que l'homme était condamné à transgresser la loi de Moïse, l'homme ne le savait pas car trop orgueilleux pour admettre son impuissance. C'est, hélas, l'ordre des choses chez les humains. Les humains sont présomptueux et ne croient que ce qu'ils voient, c'est la *science par l'observation*. Dieu voulait que l'homme vérifie, par lui-même, qu'il était incapable d'honorer la loi de Moïse, en s'appuyant sur ses propres forces. C'est en exposant l'incapacité de l'homme à obéir aux lois de Moïse, que Dieu proposa de remplacer le régime de la lettre qui tue, ou sacerdoce lévitique, par le régime nouveau de l'Esprit qui fait vivre, ou sacerdoce de Melchisédech.

Du sacerdoce lévitique au sacerdoce du Christ, la lumière sur
le salut par la grâce au moyen de la foi
– Sur le fondement des apôtres et des prophètes –

Pour mieux expliquer l'attitude de Dieu, il faut remonter à l'origine des malheurs de l'homme : le péché originel et ses terribles conséquences. Dieu, dans Son jugement de mort, ajouta la phrase suivante : «*La terre est maudite à cause de toi*», une terre qui, pourtant, n'avait pas été le théâtre de la transgression originelle. En effet, la désobéissance d'Adam eut lieu dans le Jardin d'Eden, et non sur la terre. Nous avons vu, plus haut, que selon la sainteté de Dieu, on est souillé par simple contact avec un objet souillé. Pourquoi la terre, innocente, devenait-elle maudite à cause de l'homme ? Parce que l'homme, condamné, donc maudit, devait y habiter. Il s'agissait alors d'une malédiction de la terre par contact avec l'homme maudit. Oui, par sa désobéissance, le premier Adam fut maudit, ainsi que sa descendance après lui. L'humanité fut donc entièrement maudite par la faute de son malheureux ancêtre. Cette malédiction a accompagné l'homme jusqu'à ce jour, car les hommes meurent toujours et retournent à la poussière d'où ils sont venus.

En quoi consiste la malédiction de l'homme ? La réponse évidente est que l'homme meurt selon la loi sur l'hérédité – malédiction – du péché d'Adam, une mort qui s'étend à sa descendance, *même sur ceux n'ayant pas commis une faute semblable à celle de leur célèbre ancêtre*. L'apôtre Paul, dans son épître aux romains, trouvera une cause plus profonde : la racine du péché en l'homme, selon qu'il est écrit :

> «*Car je prends plaisir à la loi de Dieu, dans mon for intérieur, **mais je vois dans mes membres une autre loi, qui lutte contre la loi de mon intelligence et qui me rend captif de la loi du péché qui est dans mes membres**.*» (**Romains 7:22-23**).

Deuxième partie : JUSTICE, CONDAMNATION ET GRACE
Le sacerdoce lévitique et le régime de la condamnation

Mais l'homme est trop aveugle et arrogant pour accepter le verdict de Dieu sur sa nature pécheresse, incorrigible et incurable. L'homme croit plutôt qu'il peut s'améliorer par le biais de programmes de réhabilitation. Mais Dieu pense le contraire et, comme toujours, Dieu a raison : l'homme est condamné et ne peut se sauver sans aide extérieur, celle de Dieu.

D'où le sacerdoce lévitique qui exigeait que l'homme, épris de justice et de sainteté devant Dieu, mette en pratique toute la loi de Moïse, sans faute. La loi de Moïse n'était pas un leurre pour faire tomber l'homme dans le péché. La loi de Moïse était honnête dans sa manière d'illustrer la sainteté de Dieu. Elle donnait aussi à l'homme les voies de recours en cas de transgression de la loi. Mais le bilan du sacerdoce lévitique est sans appel : *Tous ont péché, il n'y en a aucun qui fasse le bien, ils sont privés de la gloire de Dieu.* Dieu comptait sur le fait que l'homme devait se rendre compte, par lui-même, que tous ses efforts pour honorer la loi de Moïse étaient vains, afin de remplacer le sacerdoce lévitique, ce régime ancien de la lettre qui tue, par le sacerdoce véritable, seul capable d'atteindre la promesse d'Abraham : le sacerdoce dont Jésus-Christ a été fait, par Dieu, Souverain Sacrificateur pour l'éternité selon l'ordre de Melchisédech. C'est ce qu'affirme l'apôtre Paul aux galates dans l'exposé suivant :

> «*21. S'il existait des gens observant parfaitement cette loi (Moïse), ils seraient approuvés de Dieu. Dans ce cas, la loi serait effectivement un moyen d'être à l'abri de tout reproche.*» (**Galates 3:21** édition **Parole Vivante**).

> «**22.** *Mais voici le verdict de l'Ecriture : l'humanité entière se trouve prisonnière de sa culpabilité devant Dieu afin que le don promis par Dieu soit accordé aux croyants au moyen de leur foi en Jésus–Christ.*» (**Galates 3:22** édition **Semeur**).
>
> «**23.** *Avant l'ère de la foi, **nous étions enfermés comme dans une prison, étroitement gardés par la Loi, notre geôlière**. Nous attendions la foi qui devait être révélée.*» (**Galates 3:23** édition **Parole Vivante**).
>
> «**24.** *De sorte que **la loi a été notre conducteur (précepteur) pour nous mener à Christ, afin que nous fussions justifiés par la foi**.*» (**Galates 3:24** édition **Ostervald**).
>
> «**25**. *Or, **la foi étant venue, nous ne sommes plus sous ce précepteur (conducteur)**.*» (**Galates 3:25** édition **Second Révisé**).

Dans le verset **21**, l'apôtre Paul présume qu'il n'existe personne au monde, qui soit capable d'observer PARFAITEMENT la loi de Moïse. Ce qui rend l'homme inéluctablement coupable sous le rapport du régime ancien de la lettre qui tue – le sacerdoce lévitique. Au verset **22**, l'apôtre donne le verdict sans appel, repris le long des chapitres précédents, à savoir que l'humanité entière est prisonnière de sa CULPABILITE sous le rapport de ce régime ancien, et ne peut qu'espérer un régime plus souple, celui de la foi en Jésus-Christ – sacerdoce de Melchisédech. Cette vérité est rappelée au verset **23**, à savoir que, selon le régime ancien,

Deuxième partie : JUSTICE, CONDAMNATION ET GRACE
Le sacerdoce lévitique et le régime de la condamnation

l'humanité était prisonnière en attendant d'être libérée, en temps opportun, par la foi en Jésus-Christ. Le verset **24** conclut donc la démonstration, à savoir que *la loi a été donnée afin de conduire l'humanité, éplorée et meurtrie, vers le salut par la foi*. Ce libérateur étant venu – salut par la foi – l'humanité n'est plus sous le régime ancien de la lettre. Attention, la loi n'a pas varié d'un iota comme le précisent Jésus-Christ et l'apôtre Paul. Il est simplement dit que l'on n'est plus sous sa domination, nuance ! En effet les commandements "*Tu ne tueras point*" ou "*Tu honoreras ton père et ta mère*" restent d'actualité. Dieu a horreur que Ses lois soient transgressées. La loi de Moïse continue d'exister, mais au lieu que le salut dépende de la stricte observation de cette loi, le salut reposera, en revanche, sur la foi en l'œuvre rédemptrice de Jésus-Christ. La loi de Moïse n'est pas abolie, mais elle ne conditionne plus le salut de l'humanité qui confesse que Jésus-Christ est le Sauveur. Tandis que celui qui n'a pas la foi en Christ est DEJA jugé (cf. chapitre précédent).

Il vaut mieux encore insister sur cette vérité : Dieu ne tolèrera jamais qu'un seul iota de la loi de Moïse soit aboli ou transgressé. En revanche, Dieu ne veut plus que le salut dépende de l'observation de cette loi, car l'homme ne peut observer la loi de Dieu par lui-même. Selon **Romain 7**, rappelé plus haut, à chaque tentative humaine d'honorer la loi de Moïse, une autre loi se réveille dans ses membres pour combattre la loi de Dieu. Cette autre loi est *la loi du péché et de la mort*. Ainsi le corps est prisonnier de la loi du péché et de la mort, tandis que l'intelligence est prisonnière de la loi de Moïse. Lorsque la loi de Moïse inspire l'intelligence humaine, au même instant, la loi du péché et de la mort impose le contraire aux membres du corps (**Romains 7:22-25**). Dieu trouva un moyen de contournement de ce terrible dilemme. Ainsi dorénavant, Son *juste vivrait par la foi* en Jésus-

Christ. En désirant que Son juste vive par la foi, Dieu souhaite que les lois de Moïse soient imprimées, non plus sur les tables de pierre du Mont Sinaï, mais sur le cœur de l'homme, selon qu'il est écrit :

> «Mais voici l'alliance que Je conclurai avec la maison d'Israël, Après ces jours-là, -- Oracle de l'Éternel : **Je mettrai ma loi au-dedans d'eux, Je l'écrirai sur leur cœur ; Je serai leur Dieu, et ils seront Mon peuple. Celui-ci n'enseignera plus son prochain, ni celui-là son frère, en disant : Connaissez l'Éternel ! Car tous Me connaîtront, depuis le plus petit d'entre eux jusqu'au plus grand**, -- Oracle de l'Éternel ; Car Je pardonnerai leur faute et Je ne Me souviendrai plus de leur péché.» (**Jérémie 31:33-34**).

Le sacerdoce lévitique mettait en évidence la force du péché et sa domination sur les membres du corps humain. Face à cette dictature, Dieu trouva un moyen de contournement. Ainsi dorénavant, les lois ne seraient plus gravées sur les tables de pierre, mais imprimées sur le cœur de l'homme, afin que personne n'ait plus besoin d'être enseignée. Cette loi, imprimée sur le cœur, n'est autre que le Saint-Esprit qui est au centre du régime nouveau de l'Esprit qui fait vivre. Par le sacerdoce de Melchisédech, Dieu apporte la preuve qu'Il aime l'homme. Il ne veut pas qu'une loi, fut-elle celle de Moïse, devienne une épée de Damoclès sur la tête de Ses créatures humaines. Cette époque est révolue. Mais maintenant, place au ministère du Saint-Esprit. Tel est le sens du sacerdoce de Melchisédech que Jésus-Christ a inauguré avec Son propre sang.

Jésus-Christ, le Liquidateur judiciaire du passif de l'ancienne alliance

Dieu ne saurait faire moins bien que les humains. C'est une évidence. Il est courant, chez les humains, de régler les vieux différends avant d'entamer une nouvelle aventure, une nouvelle ère. Pour passer d'un système ancien de gestion à un système nouveau, on liquide l'ancien et on repart sur de nouvelles bases. Il est courant, qu'au décès d'une personne, les humains liquident les affaires du défunt. Ainsi le défunt sera régulièrement remplacé partout où sa présence était requise de son vivant. Les titres nominatifs – en son nom – passeront aux héritiers, après liquidation des taxes légales. De même, lorsque les dirigeants d'une entreprise décident d'arrêter toute activité, les nouveaux dirigeants procèdent à la liquidation du passif afin que l'ancienne ère soit définitivement enterrée. On dit alors que l'ancienne ère a été passée par pertes et profits, ce qui ouvre la voie à une nouvelle ère, sans possibilité de chevauchement avec l'ancienne.

Si les hommes agissent ainsi pour que les choses se déroulent dans l'ordre et la paix, Dieu ne saurait y déroger. Il est Dieu, parfait et infaillible. Ainsi Dieu n'aurait jamais accepté de passer de l'ancienne alliance, inaugurée par le sang des animaux, à la nouvelle alliance, inaugurée par le sang de Jésus, sans liquider, au préalable, le passif de l'ancienne alliance. Cela aurait été du laxisme de Sa part. Dieu n'est pas laxiste, ni cavalier dans Sa manière de procéder.

Quel est le solde de l'ancienne alliance, ce régime ancien de la lettre qui tue ? L'Ecriture donne une indication en ces termes :

> «*Il est impossible que le sang des taureaux et des boucs ôte les péchés*» (**Hébreux 10:4**).

Par ces mots, l'Ecriture atteste qu'aucun péché, commis dans l'ancienne alliance, n'avait été effacé. Ces péchés étaient mis en réserve en attendant un sacrifice meilleur, celui de Jésus, selon qu'il est écrit :

> «*C'est lui (Christ) que Dieu a destiné comme moyen d'expiation pour ceux qui auraient la foi en Son sang, afin de montrer Sa justice. **Parce qu'Il avait laissé impunis les péchés commis auparavant au temps de Sa patience***» (**Romains 3:25**).

Dieu ne pouvait donc pas inaugurer une nouvelle alliance sans liquider l'énorme passif de l'ancienne, lequel établissait que *tous les hommes avaient péché, étaient coupables et condamnables*. Il fallait donc expier les péchés de l'ancienne alliance devant Dieu, pour ouvrir la porte à une nouvelle alliance, porteuse de promesses meilleures. Il fallait un sacrifice véritablement agréé par Dieu, puisque le sang des animaux ne l'était pas. Mais l'Ecriture dit encore ceci :

> «*C'est pourquoi, en entrant dans le monde, le Christ dit : Tu n'as voulu ni sacrifice, ni offrande ; mais Tu M'as formé un corps. **Tu n'as agréé ni holocaustes, ni sacrifices pour le péché. Alors J'ai dit : Voici : Je viens, -- Dans le rouleau du livre il est écrit à Mon sujet -- pour faire, ô Dieu, Ta volonté.***» (**Hébreux 10:5-7**).

Constatant le triste sort des humains, sous l'ancienne alliance, notamment l'incapacité des sacrifices d'animaux à purifier leurs conscience, Jésus-Christ Se proposa de faire la volonté de Dieu. Il S'offrit donc à la place des animaux non agréés. Par Son sacrifice sur la croix, Jésus-Christ a payé la dette de l'humanité, passif résultant du sacerdoce lévitique. En disant «*Tout est accompli*», au soir de Sa crucifixion, Jésus signifiait également que le sacerdoce lévitique venait d'être liquidé selon la justice de Dieu, une liquidation judiciaire en bonne et due forme, agréée par Dieu. Le sacrifice de Jésus est une grâce inestimable. C'est pourquoi, il est dit que le disciple de Jésus-Christ est *sauvé par la grâce*. Nous verrons plus loin, pourquoi l'Ecriture complète cette phrase par «*...Au moyen de la foi*». En résumé, pour tourner la page du sacerdoce lévitique, et passer au sacerdoce de Melchisédech, il fallait liquider le passif et ouvrir à tous les hommes, le chemin de la vie éternelle. Sachant qu'aucun péché ne pouvait être purifié par le sang des animaux, Jésus a accepté de devenir l'Agneau sans défaut, sans tache, agréé par Dieu, le Très-Haut. Jésus est donc le Sauveur de l'humanité, Juifs et non-Juifs confondus. Gloire à Dieu !

De tout temps, Dieu a toujours voulu que l'homme vive par la foi

Afin de bien comprendre que le sacerdoce lévitique, comme l'indique l'apôtre Paul, n'était qu'une parenthèse appelée à se refermer, plus précisément, un conducteur pour mener l'humanité à la grâce – où le salut ne repose plus sur l'observation stricte des commandements de Moïse – nous relèverons les faits qui attestent que, de tout temps, Dieu a toujours voulu que Son juste, à Lui, vive par la foi.

Du sacerdoce lévitique au sacerdoce du Christ, la lumière sur
le salut par la grâce au moyen de la foi
– Sur le fondement des apôtres et des prophètes –

Commençons par l'ancêtre des croyants, Abraham. L'Ecriture affirme qu'il crut et sa foi fut mise à son crédit selon la justice de Dieu (**Genèse 15:6**). Abraham n'avait accompli aucune œuvre juste pour se voir récompenser de la sorte. Il s'était borné à croire, à faire confiance à un Dieu qu'il ne voyait même pas. Ce fait historique est, non seulement évoqué par les apôtres du Nouveau Testament, mais aussi, par les prophètes de l'Ancien Testament. Dieu ne cessait en effet de rappeler aux israélites de l'ancienne alliance que Sa patience reposait sur la promesse d'Abraham, et non sur les œuvres de ce dernier. Car aucune œuvre ne lui était connue à cette époque-là. Ainsi, bien que l'ancienne alliance reposât sur l'observation stricte de la loi de Moïse, la patience de Dieu, durant les infidélités du peuple israélite, devait surtout à la foi d'Abraham.

Il est surprenant que, sous l'ancienne alliance, Dieu tienne des propos que voici : «***Tu ne te vengeras pas, et tu ne garderas pas de rancune envers les fils de ton peuple. Tu aimeras ton prochain comme toi–même. Je suis l'Éternel.***» (**Lévitique 19:18**). Par de tels propos, dans un contexte où la loi du talion était en vigueur – *dent pour dent, œil pour œil* – il est clair que Dieu envoyait déjà des signes avant-coureurs de Son intention de passer du régime de la lettre qui tue, au régime nouveau de l'Esprit qui fait vivre.

Conduit par l'Esprit, le psalmiste, vivant dans l'ancienne alliance, déclara : «***Heureux l'homme à qui l'Éternel ne tient plus compte de sa faute***» (**Psaumes 32:2**). Le psalmiste entrevoyait déjà que le sacerdoce lévitique n'était pas définitif, et qu'il existait un ilot de bonheur auquel l'homme aspirait, celui où les transgressions de l'homme seraient pardonnées. Il n'est pas surprenant que David, auteur de ce psaume, soit l'ancêtre de Jésus, l'Agneau de Dieu.

Enfin, le prophète Habacuc, de l'ancienne alliance, fit une déclaration surprenante : «***Mais le juste vivra par sa foi.***» (**Habacuc 2:4**). Le prophète annonce donc l'imminence du basculement du régime ancien de la lettre, vers un régime où *le juste vivra par la foi*, la nouvelle alliance en Christ.

Mais en attendant, nous notons que la condamnation est la réponse incontournable de Dieu à la transgression de Sa sainteté. L'homme ayant péché, il convenait qu'il fût châtié. Le bilan catastrophique du sacerdoce lévitique, où aucun péché ne fut réellement effacé par le sang des animaux, est là pour nous le prouver. **L'homme devait payer car telle est la loi de Dieu.** Béni soit le Dieu, bon et miséricordieux, *qui a tant aimé le monde qu'Il a donné Son Fils unique, afin que quiconque croit en Lui ne périsse pas, mais qu'il ait la vie éternelle.* (**Jean 3:16**).

Deuxième partie : JUSTICE, CONDAMNATION ET GRACE

Grace matérielle, grâce judiciaire, grâce divine

La grâce se manifeste de plusieurs manières. En voici les plus connues : (i) une faveur accordée à une personne (ii) une remise de peine telle que la grâce présidentielle (iii) l'élégance et le charme (iv) l'aide divine qui mène au salut.

Une première remarque ressort de ces différentes définitions : la grâce ne se mérite pas, autrement, il ne s'agirait pas d'une grâce, mais d'un salaire. Le salaire se réclame après un travail fait, tandis que la grâce ne se réclame pas car elle ne récompense aucune œuvre. Il n'existe donc pas de grâce disproportionnée. La grâce est souvent le reflet d'un élan de cœur envers le bénéficiaire. Elle ne se justifie jamais, même si certains pays l'ont rendue systématique pour tout prisonnier au comportement irréprochable en milieu carcéral.

Dans le cadre du présent chapitre, nous nous focaliserons davantage sur la grâce divine, sans perdre de vue la grâce judiciaire. On a effectivement tendance à relativiser le poids des mots quand on a affaire à Dieu. Ceci parce que Dieu est invisible. Pourtant le Seigneur exige que Ses disciples ne considèrent pas Son invisibilité comme une inactivité de Sa part. Même s'Il est invisible, le Père est toujours sensible au sort de Ses enfants. Cette amnésie sélective de l'homme à l'égard de Dieu, a tellement agacé le Seigneur Jésus qu'Il fit ce sermon :

> «*Si donc, vous qui êtes mauvais,* ***vous savez donner de bonnes choses à vos enfants, à combien plus forte raison votre Père qui est***

> ***dans les cieux*** *en donnera-t-Il de bonnes à ceux qui les Lui demandent.*» **(Matthieu 7:11).**

En effet, les humains viennent régulièrement en aide aux plus démunis d'entre eux. Mais les mêmes humains sont bizarrement inconscients que Dieu peut en faire autant. Pourquoi ? Parce que Dieu est invisible et, pour les humains, invisibilité et inactivité se confondent, ce qui est totalement erroné s'agissant de Dieu. Il n'est ni absent, ni inactif.

Il est d'usage que le législateur accorde un sursis ou une remise de peine au coupable, surtout lorsque ce dernier est à sa première condamnation. Le but est d'exprimer la mansuétude du législateur devant la faiblesse de l'homme. Car l'homme est faillible et perfectible. En donnant une chance de s'amender au coupable, le législateur investit à long terme. Il est toujours agréable d'apprendre qu'un repris de justice s'est repenti pour le bonheur de la société.

La grâce judiciaire

Selon la justice des hommes, la grâce judiciaire, ou faveur accordée à un condamné, peut se décliner de plusieurs manières : (i) Une remise partielle de peine (ii) une remise totale de peine (iii) une libération conditionnelle (iv) un sursis à exécution.

Ces différentes options font partie de l'arsenal gracieux dont dispose le juge envers un condamné. La remise partielle ou totale de peine intervient lorsque la condamnation est partiellement ou totalement levée. La libération conditionnelle intervient lorsque le condamné est autorisé à purger sa peine, ou ce qu'il en reste, hors du milieu carcéral ; à charge pour lui de se pointer à date fixe. Tandis que la condamnation avec sursis indique au condamné, qu'il reste en liberté, mais qu'il risque l'incarcération d'office en cas de récidive.

Nul ne peut être condamné à la place d'un tiers

> *«On ne fera pas mourir les pères pour les fils, et l'on ne fera pas mourir les fils pour les pères ; on fera mourir chacun pour son péché.»* **Deutéronome 24:16**.

Mis à part les cas où une personne peut supporter les conséquences matérielles des actes d'un parent, le législateur n'acceptera jamais qu'un innocent purge une peine de prison à la place du vrai coupable, même s'ils sont parents. Jamais. Même si un homme venait à supplier le geôlier de l'incarcérer à la place d'un parent, le geôlier n'accepterait pas. Soit le coupable est incarcéré, soit il bénéficie d'une grâce judiciaire, partielle ou totale. C'est un principe divin parfaitement respecté sur la terre. Il est en effet écrit : *«Vous n'accepterez pas de rançon pour la vie d'un meurtrier qui mérite la mort, car il sera puni de mort»* (**Nombres 35:31**).

Dans un tribunal qui siège pour des infractions pénales, le juge examine surtout l'acte commis, avant de regarder les dommages et intérêts qui, eux, sont primordiaux dans un procès civil. C'est pourquoi, Dieu impose que le fautif, en matière pénale, purge lui-même sa peine ; tandis qu'en matière civile, le fautif peut être soutenu par un tiers dans le paiement des dommages et intérêts.

La croix de Golgotha : Sévérité de Dieu envers Jésus et grâce envers l'homme

Attention, Dieu n'est pas, selon le dicton, *trop bon trop con*. La grâce de Dieu n'est ni laxiste, ni hasardeuse. Vis-à-vis de Jésus, il n'y a pas de grâce, mais un jugement sévère, conforme au régime ancien de la lettre. L'Ecriture dit que Dieu n'a pas épargné Son propre Fils, Jésus, selon qu'il est écrit :

> «*Si Dieu n'a pas épargné Son propre Fils, mais L'a livré pour nous tous*» (**Romains 8:32**).

Il est bien écrit que Dieu a livré Jésus pour le salut de tous. Ainsi, le même acte de crucifixion est, d'un côté, une punition sévère envers Jésus qui a accepté de porter les péchés de l'humanité et, de l'autre côté, une grâce pour l'homme qui en tire un grand bénéfice pour lui-même : le salut.

Deuxième partie : JUSTICE, CONDAMNATION ET GRACE
Grace matérielle, grâce judiciaire, grâce divine

Sauvé par la grâce au moyen de la foi

> «*C'est **par la grâce** en effet que vous êtes sauvés, **par le moyen de la foi**. Et cela ne vient pas de vous, c'est le don de Dieu.*»
> **Ephésiens 2:8**.

Si l'on comprend la grâce de Dieu envers l'homme, puisque Jésus Se sacrifie pour l'homme, pourquoi l'Ecriture ajoute-t-elle : «*au moyen de la foi*» ?

C'est parce que, comme on l'a expliqué plus haut, le législateur n'a jamais accepté que l'innocent purge la peine du vrai coupable, quand bien même les deux seraient parents. Si dans une affaire civile, on peut accepter qu'un tiers éponge un dommage ou une dette matérielle, en matière pénale cependant, il n'en est pas ainsi. C'est le vrai coupable qui subit sa peine, sans substitution possible, car il est question, en priorité, non de réparer un dommage matériel, mais de discipliner un individu présentant une menace pour la société. C'est le coupable d'une faute passible de jugement, qui doit purger sa peine afin de ne plus présenter de danger pour la société. En fait, le législateur estime que, si on exonère le coupable de sa sanction pénale – ou si cette sanction venait à être purgée par un tiers – le coupable n'exprimerait aucun regret, et aurait tendance à récidiver. Il ne se repentirait jamais et récidiverait éternellement, pour le malheur de la société qui aspire à vivre en paix.

C'est pour cela que l'Ecriture nous invite à accepter, par la foi – donc contre toute logique – Jésus comme le substitut du pécheur.

*Du sacerdoce lévitique au sacerdoce du Christ, la lumière sur
le salut par la grâce au moyen de la foi
– Sur le fondement des apôtres et des prophètes –*

Car la foi est contraire à la logique, à la réalité visible, à la science. La foi est le moyen, accordé à l'homme, pour obtenir ce qui est raisonnablement irréalisable. Selon la loi des hommes, Jésus ne peut porter les péchés d'un coupable car Il est innocent. Il faut, selon la loi des hommes, que les coupables purgent eux-mêmes leurs fautes. Mais si les hommes meurent tous pour leurs crimes, en versant leur propre sang, que restera-t-il de l'humanité pécheresse ? Personne car, selon la loi sur la sainteté de Dieu, *tous les hommes et les femmes ont péché*. S'il fallait appliquer la loi des hommes, tous les hommes et les femmes, sans exception, devraient mourir. Mais que resterait-Il alors de l'humanité et de l'amour de Dieu ? Rien.

Et même s'il était donné à l'homme de mourir pour sa faute, le compte n'y serait même pas, et à juste titre. Car qu'est-ce qu'on gagne à recevoir un agneau contre un agneau volé ? Il est toujours question de dommages et intérêts pour trouble de jouissance. Celui qui provoque le désagrément, répare le dommage en y rajoutant un manque à gagner qui est l'intérêt. Dans la loi de Moïse, cet intérêt était au moins égal au cinquième du bien spolié, et dans le cas d'un vol, l'intérêt était de cent pour cent, c'est-à-dire que le voleur rendait le double du bien volé. Ainsi, pour que la faute du coupable soit véritablement expiée devant Dieu, il faudrait que, soit le coupable meure en ajoutant un intérêt, soit qu'un innocent – de meilleure qualité que le coupable – meure. Cela veut dire que, dans le cas du taux d'intérêt minimum accepté par Dieu – un cinquième – il faudrait que six hommes meurent pour cinq pécheurs, soit cinq hommes plus cinq fois un cinquième d'homme. Ces six hommes comprendraient : les cinq pécheurs concernés plus un sixième trouvé quelque part qui soit innocent. Ainsi, même si Dieu demandait aux hommes de mourir pour leurs péchés, le compte n'y serait pas. Nous pouvons donc raisonnablement dire que, non

Deuxième partie : JUSTICE, CONDAMNATION ET GRACE
Grace matérielle, grâce judiciaire, grâce divine

seulement le sang des animaux ne pouvait purifier les péchés de l'humanité, mais aussi, le sang des humains ne le pouvait pas, car il aurait fallu plus d'humains pour expier leurs fautes. **Sur le rapport de la sainteté de Dieu, on retient que l'homme est fondamentalement incapable de réparer une faute commise par ses soins.** Aussi Dieu demande-t-Il aux hommes d'accepter que Jésus, le Fils unique de Dieu, soit l'Agneau sans défaut qui ôte leurs péchés. Premièrement, parce que cet Agneau, en tant qu'Unique Fils de Dieu, représente le Père en personne. C'est comme si Dieu S'offrait Lui-même pour le salut de l'humanité. Et nous savons que Dieu est supérieur à tout ce qui peut être nommé, quelle que soit sa nature. Dieu est supérieur aux animaux et à l'homme, en particulier. Deuxièmement, parce que cet Agneau vient du ciel selon qu'il est écrit : *le second homme (Jésus),* ***qui vient du ciel****, est devenu un être vivifiant* (**1 Corinthiens 15:47**). Et le céleste est supérieur au terrestre selon l'Ecriture. Si Dieu n'a pas agréé le sang des animaux et celui des humains pour effacer les péchés, le sang de Jésus, le Fils unique de Dieu, l'Agneau qui vient du ciel, a été parfaitement agréé par Dieu.

C'est ici qu'intervient la foi car il faut de la foi pour accepter ce qui échappe à la logique humaine. C'est pourquoi il est écrit que l'on *est sauvé par la grâce,* ***au moyen de la foi****.* Sans la foi, Jésus serait mort pour rien. Car n'ayant pas péché Lui-même, Il n'avait pas à mourir pour le péché d'un fils d'Adam. C'est par la foi que l'humanité accepte ce que la législation rejette. Si la législation acceptait cette substitution de sanction pénale, on se serait contenté de dire qu'on est sauvé uniquement par la grâce. Mais comme la législation humaine refuse le transfert de peine, l'Ecriture demande aux hommes d'accepter que Jésus-Christ fasse exceptionnellement office de substitution. L'apôtre Paul, docteur de la loi, juriste accompli, l'avait parfaitement compris. Aussi déclara-t-il aux

Ephésiens que l'on était *sauvé par la grâce* (tout le monde comprend) **par le moyen de la foi** (seuls les juristes comme Paul le savaient). Pourquoi la foi ? Parce qu'il faut l'accepter. Selon **Hébreux 11:1**, la foi est «*L'assurance des choses qu'on espère, la démonstration de celles qu'on ne voit pas*» (Bible **Segond révisé**), «*Une façon de posséder ce qu'on espère, un moyen d'être sûr des réalités qu'on ne voit pas*» (Bible **Semeurs**), «*Une façon de posséder déjà les biens qu'on espère, être persuadé que les choses qu'on ne voit pas existent vraiment.*» (Bible **Parole de Vie**).

Cette définition de la foi, sous trois angles de lecture, permet d'appréhender la foi comme l'antithèse du raisonnablement acceptable. Comment se *persuader*, en effet, que *ce qu'on ne voit pas existe vraiment* ? On comprend pourquoi le monde traite les chrétiens de fous. Car selon le monde, on ne croit que ce qu'on voit, ce qui est saisissable par la raison et la science. Or la foi, c'est se persuader de posséder ce qui, aux yeux du monde, n'est pas encore matérialisé. L'apôtre Paul, docteur de la loi, savait pertinemment que la loi ne pouvait pas condamner un innocent à la place du coupable. Ainsi la loi des hommes ne validerait pas la mort de Jésus, l'Innocent, en lieu et place de l'humanité coupable. Il faut donc la foi, c'est-à-dire, *se persuader* que Jésus est réellement l'Agneau de Dieu, le Fils unique, qui Se fait crucifier à la place de l'homme coupable.

En définitive :

1. Pourquoi sommes-nous ***sauvés par la grâce ?***... Parce que l'homme acquiert le salut qu'il ne mérite pas, car Jésus,

l'Agneau qui vient du ciel, le Fils unique de Dieu qui est au ciel, a payé pour l'homme alors que, normalement, l'homme devrait payer pour ses propres crimes. Dieu réclamait une rançon pour les fautes de l'humanité. Jésus S'est offert comme sacrifice pour le rachat de toute la descendance adamique. Lorsqu'un bienfait n'est ni un salaire, ni une compensation, c'est une grâce. Nous sommes donc *sauvés par la grâce* en tirant profit de la crucifixion de Jésus-Christ. Le chrétien est l'heureux bénéficiaire de l'œuvre accomplie par un autre, Jésus de Nazareth. Normalement, Jésus seul devrait tirer profit de Son œuvre sur la croix. Il en a plutôt fait bénéficier aux hommes et femmes qui croient en Lui. La grâce vient donc de ce que l'homme hérite d'un salut gratuit. Seul Jésus a été crucifié, et Sa crucifixion profite à l'homme pécheur. C'est une condamnation pour Jésus, mais une grâce pour l'homme qui croit. Il est en effet écrit : *Dieu a tant aimé le monde qu'Il a donné Son Fils unique (Jésus) afin que* **quiconque (homme ou femme) croit**, *ne périsse pas, mais qu'il ait la vie éternelle* (**Jean 3:16**).

2. Pourquoi sommes-nous sauvés…*Au moyen de la foi ?* Parce qu'il faut accepter, contre toute vraisemblance, que Dieu a agréé le sang d'un innocent, Jésus, à la place de l'homme coupable. Si Dieu n'agréait pas cette substitution, personne ne serait sauvé, car l'homme devrait alors mourir pour son propre péché, en versant son propre sang, et l'humanité se viderait. Jésus ne serait plus le Sauveur tant annoncé. Il faut l'accepter car la raison rejette le principe qu'un innocent (Jésus) paie à la place d'un coupable (l'homme). La foi étant l'antithèse de la raison, notre acceptation du sacrifice expiatoire de Jésus, l'Innocent,

s'appuie sur la foi. La foi cible en effet les vérités insaisissables par la vue et la raison. Loué soit le Père Eternel qui, anticipant cette perspective, amena les Juifs, durant le sacerdoce lévitique, à offrir des animaux pour leurs péchés. Le sang des animaux, sans défaut, était versé alors que ces animaux n'avaient pas commis la faute concernée. Les animaux innocents étaient tués à la place de l'homme coupable. Si Dieu agissait déjà ainsi, les Juifs devaient progressivement comprendre qu'il était possible, devant Dieu, qu'un innocent puisse mourir pour racheter un coupable. Le moment venu, Jésus est devenu cet Innocent, cet Agneau sans défaut qui ôte le péché qu'Il n'a pas personnellement commis. Ainsi, si les lois rejettent les substitutions dans l'exécution des condamnations pénales, c'est par la foi que l'on doit accepter que Jésus, un innocent, a été offert pour expier la faute de l'homme devant Dieu. Pour préparer les esprits à cet événement exceptionnel, Dieu, Père Eternel, avait déjà habitué les Juifs à sacrifier des animaux innocents pour leurs fautes. Il y a sûrement mieux à dire dans l'offrande de Jésus comme Agneau de Dieu : Jésus est le Fils unique et Il vient du ciel et non de la terre comme le premier Adam. Premièrement, en tant que Fils Unique, Jésus représente le Père en personne. C'est comme si, par le sacrifice de Son Fils unique, Dieu S'offrait Lui-même pour le rachat de l'humanité. Deuxièmement, en venant du ciel, Jésus a une valeur qui surpasse, de très loin, celle des terrestres (**1 Corinthiens 15:49**). Jésus est donc parfaitement indiqué pour être la rançon, agréée par Dieu, qui efface la dette de la descendance adamique.

Deuxième partie : JUSTICE, CONDAMNATION ET GRACE
Grace matérielle, grâce judiciaire, grâce divine

3. Pourquoi encore sommes-nous sauvés…*Au moyen de la foi ?* Parce qu'en toute logique humaine, la loi n'est pas rétroactive. C'est-à-dire qu'on pouvait, à la limite, accepter que Jésus vienne sauver ceux qui ont vécu à Son époque et après, mais pas avant. Or le pardon des péchés que Jésus a expiés, concerne tous les péchés de la descendance adamique : Tous les péchés commis avant Jésus, pendant Son séjour sur la terre et après Son départ, aussi loin que la descendance adamique sera présente sur terre, jusqu'à la fin des temps. Nous devons donc accepter que Dieu ait mis toute la descendance adamique dans le corps de Jésus lorsque Celui-ci était sur la croix. L'Ecriture dit en effet :

> *«Or, c'est grâce à ce Dieu que vous appartenez à Jésus-Christ et que **vous avez été incorporés à Lui**. Si vous vivez en communion avec le Christ, c'est à Dieu seul que vous le devez, c'est par Sa volonté que Jésus-Christ est devenu tout pour nous. Dieu a fait de Lui notre vraie "sagesse"; en lui nous sommes acquittés, purifiés et libérés du péché.»* (**1 Corinthiens 1:30/Bible Parole Vivante**).

Nous sommes donc sauvés par la grâce, **au moyen de la foi – confiance –** en cet Agneau de Dieu sans défaut, Jésus. L'homme qui invoque le nom de Jésus est sauvé. Et c'est une grâce car il n'a aucun mérite à faire valoir, aucune peine à souffrir. Jésus étant Celui-là, seul, qui a souffert en S'offrant comme rançon pour l'humanité adamique. C'est pourquoi, l'Ecriture affirme que cette grâce ne vient pas de l'homme, mais de Dieu. Le salut est donc un don de Dieu où l'homme n'a aucun mérite personnel. Tout est de Dieu, par Dieu et pour Dieu. Amen !

Deuxième partie : JUSTICE, CONDAMNATION ET GRACE

Revue de la doctrine de l'apôtre Paul sur la sainteté et la grâce judiciaire de Dieu

Après avoir abondamment illustré les fondements juridiques de la sainteté de Dieu dans la première partie de ce livre, via la loi, la condamnation et la grâce, nous pouvons sereinement revisiter certains propos de l'apôtre Paul, propos considérés par beaucoup de chrétiens de son époque, l'apôtre Pierre y compris, comme de *compréhension difficile* (**2 Pierre 3:15**). L'apôtre Paul était un juriste éminent, docteur de la loi en Israël. Il s'est donc attaché à décrypter le mystère de la crucifixion et à trouver des parallèles extrêmement précieux entre le sacerdoce ancien de Lévi et celui éternel de Melchisédech. Ayant reçu ces riches révélations, il les a livrées au peuple chrétien dont, hélas, une majorité d'incrédules. Il ne faut pas que le chrétien se ferme à ces vérités fondamentales comme s'il avait peur, car la peur dissimule la culpabilité. Etant fils de la lumière, le chrétien ne saurait craindre les révélations de Dieu. Elles confirment que Dieu est le même hier, aujourd'hui et éternellement. L'apôtre Paul avait compris que l'avènement de Jésus-Christ ne tombait pas comme un cheveu dans la soupe. Les parallèles découverts par l'apôtre Paul entre l'Ancien et le Nouveau Testament sont plutôt fascinants, comme l'attestent ses propres propos que nous revisiterons à travers le prisme de la loi, de la condamnation et de la grâce de Dieu abondamment illustrés dans ce livre.

Du sacerdoce lévitique au sacerdoce du Christ, la lumière sur
le salut par la grâce au moyen de la foi
– Sur le fondement des apôtres et des prophètes –

Etre dégagé de la loi et de ce qui retient captif

> «*Mais maintenant,* **nous (chrétiens) sommes dégagés de la loi, car nous sommes morts à ce qui nous tenait captifs**, *de sorte que nous servons sous le régime nouveau de l'Esprit et non plus sous le régime ancien de la lettre*» **Romains 7:6**.

En affirmant que le chrétien est *mort à ce qui le tenait captif*, l'on comprend que la loi de Moïse ressemblait à une épée de Damoclès. Comment le chrétien meurt-il en Christ ? Réponse : le chrétien est réputé présent dans le corps de Jésus au moment de Sa crucifixion à Golgotha (**1 Corinthiens 1:30**). Car c'est pour le chrétien que Jésus meurt comme Agneau expiatoire. Comme Dieu agrée le sacrifice de Jésus, alors le chrétien meurt en même temps que Jésus. On précise bien qu'en mourant sur la croix, Jésus a entraîné le chrétien dans cette mort. Comme Jésus est mort, alors le chrétien est aussi mort (**Romains 6:4-8, Timothée 2:11**). L'Ecriture poursuit en disant que le Seigneur ressuscite le troisième jour, en même temps que le chrétien présent en Lui sur la croix de Golgotha :

> «*Si nous sommes devenus une même plante avec Lui par la conformité à Sa mort,* **nous le serons aussi par la conformité à Sa résurrection**» (**Romains 6:5**).

Par la mort et la résurrection de Jésus-Christ, le chrétien est considéré comme mort à son ancienne vie et vivant désormais une vie nouvelle en Christ, c'est-à-dire que le chrétien est mort sur la croix, condamné **en même temps que** Jésus de Nazareth. Il est

Deuxième partie : JUSTICE, CONDAMNATION ET GRACE
Revue de la doctrine de l'apôtre Paul sur la sainteté et la grâce judiciaire de Dieu

aussi ressuscité le troisième jour, **en même temps que** Jésus-Christ, selon qu'il est écrit :

> «*Nous (chrétiens) avons donc été ensevelis avec Lui (Jésus) dans la mort par le baptême, afin que, **comme Christ est ressuscité d'entre les morts par la gloire du Père**, de même nous aussi **nous marchions en nouveauté de vie**»* (**Romains 6:4**).

Etant mort avec Jésus de Nazareth, le chrétien ne peut plus être condamné par la loi de Moïse, car cette loi a déjà produit son plein effet en exécutant Jésus sur la croix. Or l'action pénale s'éteint à la mort du coupable. L'action pénale s'est éteinte à la mort de Jésus. Comme Jésus meurt avec le chrétien sur la croix, alors le chrétien bénéficie aussi de l'extinction de l'action pénale à son égard. Il est donc *dégagé de la loi* c'est-à-dire qu'il est hors du champ des poursuites que la loi de Moïse peut intenter. Attention, la loi de Moïse n'est pas abolie. Mais elle ne peut plus exercer ses poursuites sur le chrétien. Le chrétien est mort avec Jésus et la loi n'a plus d'effet ni sur Jésus, ni sur lui. Il n'est plus captif de cette loi et de ses terribles exigences. Il en est dégagé pour toujours. C'est pourquoi, à Sa mort, Jésus dit *«tout est accompli»*. C'est-à-dire qu'Il a fait le boulot dont Son Père L'avait chargé : Racheter la descendance adamique et dégager le chrétien de la loi de Moïse.

Faisons attention à la précision des mots des Ecritures. Etre *dégagé de la loi* ou *mort à la loi* ne signifie pas que la loi est abolie, ni suspendue par quelque décret que ce soit. La loi de Dieu ne peut être abolie, ni suspendue, tant que le ciel et la terre existeront. Car, dit le Seigneur, *le ciel et la terre passeront, mais pas un seul trait de loi ne passera* (**Matthieu 24:35**). Etre "*dégagé de*" ou "*mort à*" la loi signifie seulement que cette loi a totalement été accomplie pour les chrétiens, par le sacrifice de Jésus sur la croix. Jésus étant mort à cause des péchés de l'humanité dont Dieu exigeait le rachat, Dieu accorde aux hommes le bénéfice de cette mort à la condition qu'ils croient que Jésus est cet Agneau expiatoire (**Jean 3:16, Actes 2:21, Romains 10:13**). Comme un condamné à mort (Jésus) ne peut plus passer en jugement, une seconde fois, car une peine n'est jamais réappliquée après exécution, les chrétiens sont donc considérés comme exonérés des poursuites de la loi de Dieu, loi terrible et exigeante. Car comme Jésus a accompli et liquidé cette loi pour le chrétien, ce dernier est considéré comme l'ayant EGALEMENT accompli et liquidé. Attention, le chrétien n'est pas autorisé à violer la loi de Moïse. Mais en cas de transgression, il a un avocat auprès du Père : Jésus-Christ

> le Juste. Tous ceux qui n'acceptent pas Jésus comme leur Sauveur, seront jugés par la loi de Dieu, et nous savons que l'homme ne peut la satisfaire car la violation d'un trait de cette loi vaut transgression de TOUTE la loi (**Jacques 2:10**). Aussi l'Ecriture affirme-t-elle que *celui qui ne croit pas est DEJA jugé*. Pour cela, le païen a besoin que l'évangile de Jésus-Christ lui soit prêché. C'est le rôle de l'église de Christ sur terre (**Matthieu 28:19-20**).

Confirmation de la loi de Moïse dans le Nouveau Testament

> «*Est-ce que nous annulons ainsi la loi par la foi ? Certes non ! Au contraire, nous confirmons la loi*» **Romains 3:31**.

Par ces mots, l'apôtre Paul, accusé et pourchassé par de nombreux Juifs de son temps, comme ennemi de la nation d'Israël, se contredisait-il ? Certes non. Car s'il a été donné au docteur de la loi qu'il était, d'analyser les parallèles entre l'ancienne alliance (Lévi) et la nouvelle alliance (Christ), ce détail ne pouvait pas lui échapper. La foi n'annule pas la loi car la loi est et sera toujours d'actualité. Rien ne peut annuler la force de la pesanteur car la pesanteur sera toujours là. En revanche, l'on peut rendre ses effets nuls, tels que, par exemple, suspendre un contrepoids pour empêcher la chute verticale d'un objet. Donc la loi de Moïse existe toujours, mais ses effets sont nuls sur les chrétiens. Car, comme on l'a expliqué ci-dessus, Jésus a entraîné tous les chrétiens avec Lui dans Sa mort à Golgotha. Jésus est donc le contrepoids de cette pesanteur qu'est la loi de Moïse. Jésus étant mort à cause de la loi de Moïse – Il fut poursuivi par le clergé juif siégeant au nom de Moïse – tous les chrétiens sont considérés comme morts avec Lui suivant la même condamnation. Comme un condamné à mort, exécuté, ne peut plus être condamné une seconde fois, Jésus-Christ est donc dégagé de la loi de Moïse. Les chrétiens sont aussi dégagés de cette loi. Les chrétiens continuent de s'inspirer de la loi de Moïse comme un cadre moral de bonne conduite. Toutefois, les chrétiens ne seront plus jugés coupables de transgression de la loi de Moïse car ils sont DEJA morts en Christ. Ils ont un Avocat auprès du Père, Jésus-Christ qui Se charge de les défendre en cas de transgression – Jésus-Christ rappelle alors au Père qu'Il a déjà payé pour la faute dont on accuse ces chrétiens. Cependant la loi continue d'exister. Ainsi, la loi de Moïse n'est pas annulée, elle est confirmée. Elle existe toujours, mais ses effets pervers n'engendrent plus de condamnation sur les chrétiens car ils ont déjà été condamnés avec Jésus à Golgotha. Tout chrétien qui pèche doit confesser ses péchés et remercier Jésus pour le sang versé à Golgotha.

Deuxième partie : JUSTICE, CONDAMNATION ET GRACE
Revue de la doctrine de l'apôtre Paul sur la sainteté et la grâce judiciaire de Dieu

Le drame du chrétien du chapitre 7 de l'épître de Paul aux Romains

Le chapitre 7 de l'épître aux Romains illustre l'excellence de la révélation de Paul sur le conflit entre la loi de Moïse et la racine du péché en l'homme. Dieu montre à Paul que, chaque fois que l'homme veut obéir à la loi de Moïse, loi bonne ancrée dans son intelligence, il découvre dans ses membres une force qui s'oppose à cette loi. Une résistance qui l'oblige à accomplir, non pas la loi de Moïse, mais le contraire. Cette résistance, présente dans ses membres, est une loi ennemie qui provoque des passions contraires à la sainteté de Dieu, chaque fois que la loi de Moïse est sollicitée. Cette loi ennemie, ancrée dans les membres de l'homme, est dénoncée par l'apôtre Paul comme étant la *loi du péché et de la mort* (**Romains 7:23 ; 8:2**). Ainsi, chaque fois que la loi de Moïse invite l'homme à la sainteté de Dieu, la *loi du péché et de la mort*, présente dans ses membres, déchaîne des passions contraires qui l'emportent ; et l'homme est contraint de consomner le péché pourtant combattu dans son intelligence. Le péché conduisant à la mort, cette loi ennemie qui déchaîne, à chaque fois, les passions contraires, est baptisée *loi du péché et de la mort*. Par abus de langage, certains l'appellent *racine du péché*.

Comme cette loi ennemie n'entre en activité que lorsque la loi de Moïse est activée dans l'intelligence de l'homme, l'apôtre Paul dit, dans un raccourci de langage, que la loi de Moïse déchaîne les passions contraires dans les membres de l'homme. Il dit en substance :

> «*Lorsque nous étions sous l'emprise de la chair, **les passions des péchés provoquées par la loi (de Moïse)** agissaient dans nos*

Du sacerdoce lévitique au sacerdoce du Christ, la lumière sur le salut par la grâce au moyen de la foi
– Sur le fondement des apôtres et des prophètes –

> *membres et nous faisaient porter du fruit pour la mort»* (**Romains 7:5**).

En effet, tous ceux qui ont vécu sous la loi de Moïse, étaient sous l'emprise de la chair, avec ses nombreuses passions et convoitises. Ces dernières entraient en activité à chaque activation de la loi de Moïse.

L'apôtre Paul reconnaît le caractère énigmatique de la loi de Moïse qui, au lieu de produire le bien, excite plutôt au mal :

> *«Que dirons-nous donc ?* **La loi (de Moïse) est-elle péché ? Certes non ! Mais je n'ai connu le péché que par la loi (de Moïse)***. Car je n'aurais pas connu la convoitise, si la loi (de Moïse) n'avait dit : Tu ne convoiteras pas»* (**Romains 7:7**).

L'apôtre précise bien que la loi de Moïse n'est pas mauvaise. Cependant, il ajoute que l'homme ne connaît le péché qu'au moment où la loi de Moïse est activée car personne *n'aurait connu la convoitise, si la loi n'avait dit : Tu ne convoiteras pas*.

Ainsi, bien que la loi de Moïse provoque la convoitise, Paul ne la blâme pas. Il blâme plutôt l'existence d'une autre loi, dans les membres de l'homme, appelée *loi du péché et de la mort*. Car la loi de Moïse se trouve logée dans l'intelligence de l'homme, tandis que la loi du péché et de la mort est logée dans ses membres, selon qu'il est écrit :

> *«Car je prends plaisir à la loi de Dieu,* ***dans mon for intérieur (intelligence), mais je***

> *vois dans mes membres une autre loi, qui lutte contre la loi de mon intelligence et qui me rend captif de la loi du péché qui est dans mes membres»* **(Romains 7:22-23)**.

En principe, on aurait pu dire que la loi de Moïse est mauvaise puisqu'elle excite au péché. Que non ! L'Ecriture est claire sur ce point. Elle ne blâme pas la loi de Moïse. La loi de Moïse permet à l'homme de découvrir à quel point son corps est vendu au mal. L'homme est sous l'emprise d'une terrible loi, *la loi du péché et de la mort*, qui sévit dans ses membres. Cette loi a toujours existé, depuis la chute dans le jardin d'Eden et la condamnation divine qui s'en suivit. Cette loi ne pouvait être mise en lumière que grâce à la loi de Moïse. Et c'est ici le but ultime visé par cette pédagogie de Dieu. Aussi, après avoir constaté le sort si triste de l'homme, confronté aux exigences de la loi de Moïse, l'apôtre Paul s'écrie :

> «***Grâces soient rendues à Dieu par Jésus-Christ notre Seigneur !****... Ainsi donc, **par mon intelligence**, je suis esclave de la loi de Dieu (Moïse), tandis que, **par ma chair**, je suis esclave de la loi du péché (et de la mort).»* **(Romains 7:25)**.

Pourquoi l'apôtre rend-t-il grâce à Dieu par Jésus-Christ ? C'est parce qu'il constate que «***Il n'y a donc maintenant aucune condamnation pour ceux qui sont en Christ-Jésus**, qui marchent **non selon la chair** mais selon l'Esprit. En effet, la loi de l'Esprit de vie en Christ-Jésus a libéré le chrétien de la loi du péché et de la mort»* **(Romains 8:1-2)**. L'apôtre Paul, qui faisait preuve d'une grande intelligence spirituelle, constate que **la seule façon de** neutraliser la *loi du péché et de la mort*, qui sévit dans les membres de l'homme, c'est de changer d'hygiène de vie en marchant, non plus selon la chair, mais par l'Esprit. Savoir qu'on est sauvé est bien, que Jésus-Christ a porté les péchés sur la croix et qu'on est dégagé de la loi de Moïse est aussi bien. Mais que faire de l'ambiguïté entre la loi de Moïse, ancrée dans l'intelligence de l'homme, et la présence dans les membres de cet homme, d'une loi contraire et perverse ? Réponse : Il faut marcher par l'Esprit et non par la chair.

En déclarant qu'il n'y a plus de condamnation pour ceux qui sont en Christ, l'apôtre Paul confirme la grâce de Dieu en faveur de ceux et celles qui croient en Jésus-Christ. Une grâce amplement décrite plus haut dans ce livre. L'apôtre ajoute un élément nouveau : l'absence de condamnation doit aller de pair avec "*Marcher par l'Esprit*" pour le chrétien. En fait, l'apôtre indique qu'un chrétien qui marche selon la loi de Moïse (comme jadis dans l'ancienne alliance), se surprendra entrain de transgresser Moïse à cause de la loi du péché et de la mort qui est dans ses membres. On dit que ce chrétien marche par la chair. Il marche comme un condamné à mort car celui qui marche selon la loi de Moïse, est DEJA jugé. Il ne croit pas en l'Agneau de Dieu qui ôte le péché du monde. Celui qui marche selon la loi de Moïse continue de croire que l'homme peut parvenir à la justice de Dieu sur le rapport de cette loi. Impossible ! Car *tous ont péché*. Cette loi ne peut être observée par l'homme, à cause de cette terrible *loi du péché et de la mort* qui sévit dans ses membres. Une force terrifiante qui se réveille toujours pour combattre la loi de Moïse logée dans son intelligence.

En marchant par l'Esprit, on échappe à cette loi du péché et de la mort. L'Ecriture dit en effet que «*La loi de l'Esprit de vie en*

Christ-Jésus m'a libéré de la loi du péché et de la mort» (**Romains 8:1-2**). En marchant par l'Esprit, on déclenche une loi victorieuse, la *loi de l'Esprit de vie en Christ-Jésus* qui rend totalement transparente la loi du péché et de la mort.

Jésus-Christ est la fin de la loi en vue de la justice pour tout croyant

> *«Car Christ est la fin de la loi, en vue de la justice pour tout croyant»* **Romains 10:4**.

Une fois la descendance d'Adam éteinte via la crucifixion de Jésus, la loi de Moïse ne trouve plus de cible sur laquelle sévir car l'action pénale est éteinte. L'extinction – mort – de la race signifie aussi l'extinction de l'action pénale envers elle. L'extinction de la race d'Adam, à travers Jésus crucifié, signifie, en réalité, la vacuité de la loi de Moïse pour ceux qui croient : *Christ est donc **la fin (extinction) de la loi** en vue de la justice pour tout croyant.* La version Parole Vivante de la Bible rend une traduction plus explicite de **Romains 10:4** : *«La Loi devait conduire vers Celui qui en est l'accomplissement : le Messie. Maintenant que le Christ (Messie) a paru, **le rôle de la Loi a pris fin**. A présent, la justice est donnée à tous ceux qui placent leur confiance en Lui (Christ)»*. Le fait que la loi ne pèse plus sur le croyant ne signifie pas qu'elle est abolie. Cela signifie que la loi ne trouve plus de cible et revient toujours vide.

*Du sacerdoce lévitique au sacerdoce du Christ, la lumière sur
le salut par la grâce au moyen de la foi
– Sur le fondement des apôtres et des prophètes –*

Cette vérité illustre davantage l'étendue de la connaissance que l'apôtre Paul avait de Dieu, selon les termes de son épitre aux Ephésiens :

> «*C'est par révélation que j'ai eu connaissance du mystère, comme je viens de l'écrire en quelques mots. En les lisant, vous pouvez comprendre l'intelligence que j'ai du mystère du Christ*» (**Ephésiens 3:3-4**).

Ainsi la loi de Moïse a connu deux péripéties. La première, dans l'ancienne alliance – Ancien Testament – imposait aux hommes d'être sauvés par les œuvres de la loi. Une épreuve si difficile qu'aucun homme ne fut trouvé juste car l'Ecriture proclame que *Tous ont péché ! Il n'y a pas de juste, pas même un seul* ! La seconde péripétie est sans appel : la vacuité, en Christ, de la loi de Moïse pour tout chrétien. Entendons-nous bien pour dire que la loi de Moïse n'est pas mauvaise et qu'elle n'a pas été abolie. **Elle est toujours à l'œuvre mais n'exerce plus sa puissance et son parfum de condamnation et de mort sur tous ceux qui croient en Jésus-Christ comme leur Sauveur.** C'est pourquoi, comme expliqué plus haut dans le présent livre, il vaut mieux dire que le régime ancien de la lettre qui tue est mort et enterré. Comme la loi de Moïse n'a plus d'effet sur les chrétiens, alors on dit que la loi de Moïse est morte, mais uniquement pour les chrétiens. Sinon il vaudrait mieux dire que le régime ancien est mort. La loi de Moïse reste active pour ceux qui ne croient pas en Jésus comme leur Sauveur. Ceux qui ne croient pas en Jésus sont DEJA jugés, comme expliqué abondamment plus haut, car Jésus, le dernier Adam, a été jugé sur la croix de Golgotha. Jésus ayant donc été jugé, Lui le dernier Adam, tous ceux qui descendent du premier Adam, en aussi grand nombre qu'ils viendront jusqu'à la fin des temps, n'auront qu'une alternative possible entre : (i) croire en Jésus et être sauvé et (ii) ne pas croire en Jésus et rester dans la tombe du Crucifié. Nous pouvons expliquer la vacuité de la loi de Moïse, chez les chrétiens, par une scène de la vie courante. Lorsqu'on observe un train depuis une gare fixe, on dit que le train s'éloigne de la gare. Et lorsqu'on observe la gare depuis le même train en mouvement, on dit que la gare s'éloigne du train. Tantôt le train s'éloigne de la gare, tantôt la gare s'éloigne du train alors que la scène est unique. La différence se trouve dans le point de repère. Lorsque l'observateur est en gare, il dit que le train s'éloigne. Lorsqu'il est dans le train, c'est la gare qui s'éloigne. Lorsque le train s'éloigne de la gare, ceux qui sont dans cette gare disent que le train disparaît et meurt petit à petit. Tandis que ceux qui sont dans le train disent que c'est plutôt la gare qui disparaît progressivement de leur champ de vision. Si on remplace la gare par la loi de Moïse et le train par la foi en Christ, on dira que la loi de Moïse disparaît pour le chrétien qui a pris le train du salut – foi – en Christ. Tandis que la loi de Moïse reste vivante pour ceux qui n'ont pas pris le train du salut en Christ. Cependant, de même que la gare fixe n'a pas été détruite, malgré l'éloignement du train, on dira que la loi de Moïse n'est pas abolie malgré l'entrée des chrétiens dans le train du salut en Christ.

Si Jésus est l'Agneau de Dieu qui ôte le péché du monde, le monde est-il sauvé ?

Selon les explications ci-dessus, à savoir que Jésus a porté tous les péchés de la descendance adamique, du premier Adam au dernier descendant attendu à la fin des temps, on pourrait déduire que le monde n'a plus besoin d'être sauvé puisque tous ses péchés ont déjà été cloués sur la croix de Golgotha. Voici la réponse.

Est-ce que tous les péchés du monde ont été jugés sur la croix de Golgotha ? La réponse est affirmative, mille fois oui. Tous les péchés du monde ont été jugés sur la croix de Golgotha. Le monde comprenant tous ceux qui sont nés de femmes : les Juifs et les non-Juifs, les blancs et les noirs, les arabes et les chinois, les indiens et les métis, les musulmans et les tibétains, les sorciers et les magiciens, tous ces gens font partie du monde. Est-il alors sauvé ? Non, car il existe une condition imposée par Dieu en ces termes : «*...afin que QUICONQUE CROIT en Jésus, ne périsse pas mais qu'il ait la vie éternelle*» (**Jean 3:16**). Quiconque fait partie du monde, n'est sauvé que **s'il croit** que Jésus est le Fils de Dieu, l'Agneau qui ôte le péché du monde. Croire, c'est adhérer à une vérité, une cause, une entité. Il ne suffit pas de comprendre intellectuellement la chose, mais d'adhérer avec le cœur.

Des esprits futés peuvent comprendre intellectuellement tout ce qui a été dit dans ce livre et penser que : «*Après tout, pourquoi pas. Jésus est véritablement l'Agneau de Dieu qui ôte le péché du monde*». Mais adhèrent-ils à cette vérité ? Ces esprits futés peuvent tout simplement admettre cette démarche comme vraie, mais ne pas se sentir concernés par le Sauveur de l'humanité. Cela signifie que ces esprits ne sont pas prêts à invoquer le nom de Jésus comme leur Sauveur à eux. Ils estiment n'avoir rien à faire avec l'humanité concernée. L'Ecriture déclare : «*Tu crois qu'il y a un seul Dieu, tu fais bien ; les démons le croient aussi et ils tremblent*» (**Jacques 2:19**). Ainsi, savoir ce que les démons savent ne change rien. Il faut adhérer à cette vérité. Cela, les démons ne peuvent le faire car ils ont déjà été condamnés pour l'éternité en enfer. Mais tout homme ou toute femme peut croire et adhérer à la vérité sur le salut en Christ. L'Ecriture dit en effet : *«Celui qui invoquera le nom du Christ sera sauvé».* Celui qui se contente de reconnaitre les vérités sur le sacrifice expiatoire de Jésus, l'Agneau de Dieu sans défaut, ne fait pas mieux que les démons qui le savent et tremblent. Pour adhérer à cette vérité, il faut invoquer le nom de Jésus-Christ comme son Sauveur personnel. Si tel n'était pas le cas, l'Ecriture en **Jean 3:16** se serait contentée de dire : *«Car Dieu a tant aimé le monde qu'Il a donné son Fils unique, afin que quiconque **EST NE D'ADAM** ne périsse pas mais qu'il ait la vie éternelle».* Ce n'est pas ce que l'Ecriture affirme. Elle dit plutôt : *«Car Dieu a tant aimé le monde qu'Il a donné son Fils unique, afin que quiconque **CROIT EN JESUS** ne périsse pas, mais qu'il ait la vie éternelle».* En fait, de nombreuses personnes commencent à reconnaitre l'existence d'un Architecte de l'univers, car seul un être doté de pouvoirs extraordinaires a été capable de créer toutes choses cohérentes les unes aux autres comme on peut le voir partout.

Deuxième partie : JUSTICE, CONDAMNATION ET GRACE

Sainteté de Dieu au ciel et sur la terre

Au regard des différentes lois sur la sainteté de Dieu, une question se pose naturellement : Comment Dieu Se comporte-t-Il envers chacune de Ses créatures : anges, hommes, chrétiens, démons ? Cette question est fondée car Dieu S'attend à ce que Ses créatures Le connaissent. De nombreux versets des Ecritures suscitent la curiosité. Devons-nous passer sur un verset difficile quand, seuls, quelques individus sont concernés ? Même si les chrétiens ont des ministères différents dans le corps du Christ, selon l'appel du Seigneur, il n'est pas interdit que chacun découvre le rôle et l'importance des autres membres de la bergerie.

Nous allons découvrir comment la loi sur la sainteté de Dieu permet d'appréhender des vérités particulières de l'Ecriture.

En Sa qualité d'Eternel et Créateur, Dieu est accessible à toutes Ses créatures sans exception

On ne peut parler de Dieu sans évoquer les créatures et les œuvres de Dieu. Pour des raisons égoïstes, de nombreux chrétiens croient qu'ils sont les seuls à s'approcher de Dieu car Dieu est leur Père céleste. Et comme le fils d'un homme croit être seul habileté à approcher son père, les chrétiens aussi croient être seuls autorisés à se présenter devant le Père. Cela est en partie vrai. En partie seulement car Dieu est leur Père. Mais Dieu étant aussi le Créateur de toutes choses, toutes Ses créatures peuvent se présenter à Lui.

L'Ecriture confirme cette vérité. Tout comme un même individu peut avoir les casquettes de Président de la République et Chef suprême des armées avec, à chaque fois, des attributions différentes, Dieu a aussi la casquette d'Eternel, Juge Suprême et Père. L'Ecriture dit en effet ce qui suit :

> «*Or, les fils* de Dieu vinrent un jour se présenter devant l'Éternel, **et Satan vint aussi au milieu d'eux**. L'Éternel dit à Satan : **D'où viens-tu ? Satan répondit à l'Éternel : De parcourir la terre et de m'y promener**»* **Job 1:6-7**.
>
> **fils = anges = enfants = habitants* selon diverses versions de la Bible.

Les chrétiens qui pensent être les seuls à approcher Dieu seraient grandement embarrassés par les versets ci-dessus. Ces versets affirment que *Satan vint un jour se présenter devant Dieu* qui l'interrogea, comme si Satan avait à répondre de ses agissements devant Dieu. Car pour que Dieu pose cette question à Satan, il faut qu'Il Soit fondé à le faire, ce qui est apparemment le cas. Comment le diable, cette créature méchante, considérée comme l'ennemi du bien, peut-il approcher le trône de Sa Majesté Céleste ? La réponse : Satan, en tant qu'ex chérubin protecteur, ex-astre brillant, est, à l'origine, une créature de Dieu, et à ce titre, il a des comptes à rendre au Créateur, l'Eternel des armées. Chaque créature de Dieu a des comptes à Lui rendre. Nous savons que le diable a été jugé pour l'éternité en enfer, une sanction qui entrera en vigueur à la fin du règne de mille ans, appelé Millénium (**Apocalypse 20:1-3**).

L'Ecriture déclare encore :

> «*Car il a été précipité, l'accusateur de nos frères (chrétiens), celui (diable) qui les accusait devant notre Dieu jour et nuit*» (**Apocalypse 12:10**).

Ce verset indiquant la chute du diable, à la fin des temps, met en évidence une facette de cet ennemi : Accusateur des chrétiens. Aussi peut-on, à juste titre, poser la question suivante : Auprès de qui Satan accuse-t-il les chrétiens ? La réponse est évidente : l'Eternel Dieu, le Très-Haut, le Tout-Puissant. Cela explique que Satan, ex-astre brillant, ex-chérubin protecteur, se présente devant Dieu pour, ne serait-ce qu'accuser les chrétiens, comme il tenta jadis, sans succès, d'accuser Job. Satan s'érige donc, bien souvent, en sombre procureur dans le prétoire d'un Dieu siégeant en qualité de Juge Suprême. Notons que, s'agissant des chrétiens accusés, Jésus-Christ est leur Avocat auprès du Père, selon qu'il est écrit :

> «*Et si quelqu'un a péché, nous avons un **Avocat auprès du Père**, Jésus-Christ le Juste*» (**1 Jean 2:1**).

Nous devons tenir compte que l'Eternel Dieu ne possède pas uniquement la casquette de Père des chrétiens, fidèles disciples de Jésus-Christ. Il est aussi Dieu, Juge Suprême du ciel et de la terre, pour toutes Ses créatures. Il serait inapproprié, pour les chrétiens, de s'enfermer dans l'aveuglement et l'étroitesse d'esprit sur cette question.

*Du sacerdoce lévitique au sacerdoce du Christ, la lumière sur
le salut par la grâce au moyen de la foi
– Sur le fondement des apôtres et des prophètes –*

Les chrétiens doivent intégrer le fait que toutes les créatures peuvent invoquer l'Eternel Dieu, le Tout-Puissant ; toutes les créatures, sans exception, même les démons. Ne serait-ce que pour Lui soumettre des cas relevant de Sa compétence de Créateur de toutes choses. N'entend-t-on pas souvent les gens du monde s'écrier «Oh mon Dieu !» ? Toutes les créatures de Dieu peuvent s'exprimer ainsi. Mais seuls les chrétiens peuvent appeler Dieu «*Père*», parce que les chrétiens ont le Fils – Christ – avec eux et il est écrit «*Celui qui a le Fils a aussi le Père*». Toutes les créatures de Dieu ne peuvent pas L'appeler Père car, pour que ce soit possible, ces créatures doivent avoir le Fils. Et nous savons que toutes les créatures n'ont pas le Fils. Par exemple, les démons qui ont déjà été condamnés pour l'éternité en enfer.

L'Ecriture dit aussi :

> ***«Qu'ai-je, en effet, à juger ceux du dehors ?** N'est-ce pas de ceux du dedans (bergerie de Christ) que vous êtes juges ? **Ceux du dehors, Dieu les jugera.** Expulsez le méchant du milieu de vous»* **(1 Corinthiens 5:12-13).**

Dans ce message de Paul aux Corinthiens, ceux du dehors sont les païens qui n'ont pas le Fils comme leur Sauveur et Seigneur, car ces païens ne croient pas que Jésus soit l'Agneau de Dieu. L'apôtre dit que les chrétiens ne sont pas concernés par les agissements des païens, et ne peuvent donc émettre de jugement sur leurs actions. L'apôtre précise surtout que Dieu est seul à juger les païens. Ici l'apôtre parle de Dieu en tant que Juge Suprême et non en tant que Père. Dieu n'est pas le Père des païens qui n'ont pas le Fils. C'est parce que les chrétiens ont le Fils qu'ils ont aussi le Père, selon qu'il est écrit :

> «*Quiconque nie le Fils (Jésus-Christ) n'a pas non plus le Père ; celui qui confesse le Fils a aussi le Père*» (**1 Jean 2:23**).

Quiconque nie le Fils, ne peut se présenter à Dieu que si Dieu siège en qualité de Juge Suprême des vivants et des morts. Il est clair que, quiconque nie le Fils est déjà jugé comme on l'a vu plus haut.

C'est une pensée teintée de paganisme, que d'imaginer que les chrétiens soient seuls à se présenter devant Dieu. Ils ne sont pas les seuls. En effet, l'acceptation ou non de Christ comme Sauveur, n'enlève rien au fait que Dieu soit l'Autorité Suprême devant Qui toutes les créatures ont des comptes à rendre. Toutes les créatures, y compris l'ex-astre brillant, alias Satan, alias le serpent ancien, alias le dragon.

En Sa qualité de Père, Dieu n'est accessible qu'aux chrétiens

Seuls les disciples de Jésus-Christ bénéficient du statut de fils du Père. Les autres créatures ont à rendre compte devant Dieu siégeant en qualité de Très-Haut, Tout-Puissant, Juge des vivants et des morts.

Du sacerdoce lévitique au sacerdoce du Christ, la lumière sur
le salut par la grâce au moyen de la foi
– Sur le fondement des apôtres et des prophètes –

En S'offrant sur la croix, comme Agneau de Dieu, Jésus-Christ a inauguré, pour tous les chrétiens, un libre accès auprès du Père. Ceux qui croient en Jésus-Christ ont le bénéfice du sacrifice de Jésus sur la croix de Golgotha, une sanction infligée par Dieu à Son propre Fils selon la loi de Moïse et le régime ancien de la lettre, car Jésus y a porté les péchés de l'humanité. Jésus S'y est substitué à l'humanité condamnée comme Agneau expiatoire agréé par Dieu. La condamnation de Jésus est considérée comme celle de la race adamique. Ceux qui invoquent le nom de Jésus deviennent des chrétiens. Les disciples du Christ doivent donc apprécier la grâce dont ils bénéficient en Christ, celle de pouvoir se présenter devant Dieu avec le statut de fils bienaimé, ce qui fait de Dieu, leur Père. Ce statut de fils du Père, Satan ne l'a pas, et cela fait toute la différence. Satan et les païens ne l'ont pas. Quiconque n'a pas le Fils (Jésus-Christ), n'a pas le Père. Il peut cependant se présenter devant l'Eternel, comme le font toutes les créatures de Dieu, sans exception : hommes, femmes, anges et démons. Quiconque ne confesse pas Jésus, venu en chair, est déjà jugé. *Celui qui nie que Jésus est le Christ est un anti-Christ. Car il refuse de reconnaitre le Père et le Fils* (**1 Jean 2:22**).

Cependant, *Dieu a tant aimé le monde qu'Il a donné Son Fils unique, afin que quiconque croit en Lui ne périsse pas, mais qu'il ait la vie éternelle* (**Jean 3:16**). Il appartient donc à quiconque invoque le nom de Jésus, d'avoir un libre accès auprès du Père du Seigneur Jésus-Christ. L'Ecriture dit à cet effet que *Jésus-Christ est Seigneur à la gloire de* **Dieu le Père**.

En tant que fils de Dieu, les chrétiens ont accès à la communion du Saint-Esprit, le Consolateur que le monde ne connaît pas. Car c'est uniquement par le Saint-Esprit que le chrétien peut considérer

Dieu comme son Père, et L'invoquer comme tel. L'Ecriture confirme en disant que «*Vous (chrétiens) avez reçu un Esprit d'adoption, par lequel nous crions : Abba !* **Père !***»* (**Romains 8:15**).

Contrairement aux pères selon la chair, le Père céleste ne tolère aucun caprice

Bien que Dieu soit le Père des chrétiens, Il ne Se comporte pas envers Ses fils comme les pères envers leurs enfants. Il y a des aspects positifs dans les rapports affectifs entre un père et son fils lorsque, par exemple, le père a un penchant pour son fils, de préférence aux enfants des autres. Nous savons aussi que les enfants, devant leur père, peuvent se permettre beaucoup de caprices.

Nous devons à la vérité de dire que Dieu accepte beaucoup de choses de Ses enfants, les chrétiens. Mais Dieu n'accepte pas leurs caprices d'enfants gâtés. Par exemple, Dieu n'acceptera jamais qu'un chrétien méprise un démon car l'Ecriture l'interdit formellement selon le passage ci-après :

> «*Eh bien, malgré cela, ces individus font de même : leurs rêveries les entraînent à souiller leur propre corps, à rejeter l'autorité du Seigneur et à* **insulter les êtres glorieux du ciel (anges déchus ou démons)**. *Pourtant, l'archange Michel lui-même, lorsqu'il* **contestait avec le diable** *et lui*

> *disputait le corps de Moïse, se garda bien de proférer contre lui un jugement insultant. Il se contenta de dire : Que le Seigneur te punisse ! Mais ces **gens-là insultent ce qu'ils ne connaissent pas**».* (**Jude 1:8-10/Bible Semeurs**)

Dans ce passage des Ecritures, les démons sont considérés comme des êtres glorieux du ciel. Il s'agit de reconnaitre que les démons possèdent encore des attributs de leur ancienne gloire. Il n'est pas permis aux chrétiens de porter, contre ces créatures supérieures, de propos injurieux au motif qu'on est chrétien-tout-permis.

L'Ecriture exhorte les enfants de Dieu, nés de nouveau, à la vigilance et à la prière par : *Veillez et priez* ! Il n'est pas permis à un enfant de Dieu, chrétien, de manquer de respect aux païens au motif que ces derniers ne sont pas sauvés. Chaque chrétien est appelé à la vigilance et à la sobriété, selon qu'il est écrit :

> *«Soyez sobres. Veillez ! Votre adversaire, le diable, rôde comme un lion rugissant, cherchant qui dévorer»* (**1 Pierre 5:8**).

Avant leur conversion, les chrétiens étaient aussi dans l'obscurité. Il n'y a donc pas lieu de mépriser ceux qui s'y trouvent encore.

Deuxième partie : JUSTICE, CONDAMNATION ET GRACE
Sainteté de Dieu au ciel et sur la terre

Transgresser la sainteté de Dieu expose aux malheurs divers : maladies, infirmités, décès

> «*C'est pour cela **qu'il y a parmi vous beaucoup de malades et d'infirmes, et qu'un assez grand nombre sont décédés**. Si nous nous jugions nous-mêmes, nous ne serions pas jugés. Mais par Ses jugements,* **le Seigneur nous corrige, afin que nous ne soyons pas condamnés avec le monde**» 1 Corinthiens 11:30-32.

Même les païens superstitieux savent que la conduite coupable d'un homme peut l'exposer aux plus grands malheurs. Il est naturel, chez les hommes, de mettre les malheurs persistants sur le compte d'une colère divine. «*Les dieux sont contre lui*» dit l'adage ou «*Il a enfreint la loi de Dieu*» selon les amis de Job. Les païens et les amis de Job n'ont pas toujours tort, même si, dans le cas de Job, il faut relativiser.

Il est cependant une chose que les chrétiens doivent savoir : Dieu est bon et miséricordieux envers eux. Si Dieu sanctionne la faute de Ses enfants, Il regrette très vite Sa colère lorsque Son enfant se repent. Dieu revient sur Sa colère et fait grâce.

Les chrétiens sont tenus d'observer une sanctification de tous les instants afin que leur compte soit toujours créditeur au ciel. On dit souvent qu'en visant le soleil, on a plus de chance de remporter la lune, ce qui est déjà une sacrée performance. Tout comme, en visant juste une performance syndicale, on court le risque de rater le minimum-plancher. Les chrétiens doivent donc mener une sanctification intensive afin de toujours se trouver très haut dans l'échelle de la sainteté, et éviter des surprises désagréables.

Que signifie : Etre justifié en Christ ?

«Qui accusera les élus de Dieu ? Dieu est Celui qui justifie !» **Romains 8:33**.

Etre justifié est une expression quasi exclusivement utilisée par les Ecritures. On remarquera que la littérature de ce monde n'en fait pas grand usage. A la place, le monde préfère l'expression "innocenté". Il y a là un conflit patent entre le monde et Dieu sur l'interprétation de la culpabilité et du pardon. Dieu aime justifier mais le monde veut être innocenté car le monde ne souhaite pas qu'on lui rappelle ses fautes passées. Nous avons vu, au début de ce livre, que Dieu pardonne la faute, le péché et le crime mais qu'Il ne tient pas le coupable pour innocent. Nous avons aussi vu que le fait pour Dieu, de rappeler les péchés passés, tient à Sa gloire. Dieu veut en effet que le monde voie qu'en dépit d'une situation de départ calamiteuse, il peut restaurer l'âme en détresse qui se repent et revient à Lui.

Que signifie donc «être justifié» ? Cela signifie que Dieu fait profiter au chrétien les retombées du sacrifice de Jésus. Constatons bien qu'il s'agit de faire bénéficier à une personne – chrétien – qui n'a pas, elle-même, souffert avec Christ. Jésus-Christ seul a été crucifié à Golgotha. Ce chrétien est-il innocent pour autant ? Non ! Il bénéficie juste de la crucifixion de Jésus. Ce chrétien n'est ni innocent, ni innocenté car le souvenir de ses péchés est toujours vivace. Tout comme le souvenir de la faute d'Adam, de David, de Moïse, etc. On dit que ce chrétien a été justifié et non innocenté. Pourquoi "justifié" ? Parce que Jésus a honoré la **justice** de Dieu sur la croix en payant la rançon exigée par Moïse selon le régime ancien de la lettre. La loi de Moïse prescrivait le sacrifice de sang pour chaque faute commise. Jésus a donc offert Son sang pour les péchés de l'humanité conformément à Moïse. Jésus a accompli la justice de Dieu. Etre "justifié" signifie que l'on bénéficie de la justice accomplie par Jésus sur la croix de Golgotha.

Le fait que **Romains 8:33** dise que «*Dieu est Celui qui justifie*» signifie que Dieu a approuvé l'offrande de Jésus comme Agneau expiatoire des péchés du monde. C'est-à-dire que Dieu accepte l'opération de rachat des péchés du monde par Jésus via Sa crucifixion.

Jésus-Christ a réconcilié Juifs et non-Juifs par la croix

«*Il (Christ) a enlevé toute valeur à la loi de Moïse, à ses commandements et à ses règles. Alors, avec les Juifs et les non-Juifs, le Christ a créé un seul peuple nouveau en union avec Lui, et ainsi, il a fait la paix entre eux. En mourant sur la croix, Il a réuni les Juifs et les non-Juifs en un seul corps, et **Il les a réconciliés avec Dieu**. Par la croix, Il a détruit la haine.*» **Ephésiens 2:15-16/Bible Parole de Vie.**

Abraham est le père d'une foule de nations

«*Pour Moi (l'Eternel), voici Mon alliance avec toi (Abraham) : **Tu deviendras le père d'une foule de nations**. On ne t'appellera plus du nom d'Abram, mais ton nom sera Abraham, car **Je te rends père d'une foule de nations**. Je te rendrai extrêmement fécond, **Je ferai naître de toi des nations**, et des rois sortiront de toi*» **Genèse 17:4-6.**

Du sacerdoce lévitique au sacerdoce du Christ, la lumière sur le salut par la grâce au moyen de la foi
– Sur le fondement des apôtres et des prophètes –

>«*Toutes les nations de la terre se diront bénies par ta descendance, parce que tu as écouté Ma voix*» **Genèse 22:18/Galates 3:8**.

Par plusieurs passages des Ecritures, tous testaments confondus, Dieu rappelle la promesse faite à Abraham. C'est donc une décision de Dieu, et non celle d'Abraham, qui fait de ce dernier, le père d'une foule de nations. En fait, dans le **verset 18 du chapitre 22 de Genèse** – ou **Galates 3:8** – Dieu déclare que c'est uniquement en Abraham que les nations de la terre seront bénies, pas en quelqu'un d'autre.

On peut néanmoins se demander comment se réalisera cette promesse de l'Eternel Dieu ? Comment la chose s'accomplira-t-elle ? Au moment de cette promesse, Jésus-Christ n'est pas encore connu des hommes. On sait qu'Abraham a donné naissance à plusieurs enfants biologiques dont les plus connus sont Isaac et Ismaël. Ils ne sont pas les seuls car Abraham prit, à la mort de Sara, une autre femme, Qetoura et plusieurs concubines, avec lesquelles il eut des enfants qu'il dissémina en Orient, loin de son héritier Isaac (**Genèse 25:6**).

La nation juive n'est donc pas la seule descendance biologique d'Abraham. Et encore, on ne voit pas comment il soit possible que toutes *les nations de la terre soient bénies par une descendance biologique*. Qu'une descendance soit bénie en un homme reste plausible dans l'entendement humain. Mais TOUTES les nations de la terre ?!? Il y a visiblement des kilomètres de pont à traverser. Plus grave encore, le peuple Juif et d'autres descendants biologiques d'Abraham ont connu des sorts variés, des déportations et génocides au point qu'à un moment donné, les Juifs n'étaient plus qu'une poignée d'individus sur terre, maintenus grâce à la promesse d'Abraham.

La question demeure donc de savoir comment est-il possible que toutes les nations de la terre soient bénies en Abraham ? La réponse réside dans le Christ. L'Ecriture multiplie des affirmations en ce sens. L'apôtre Paul affirme par exemple que :

> *Jésus-Christ est l'image du Dieu invisible, le Premier-Né de toute la création. Car* ***en Lui tout a été créé dans les cieux et sur la terre****, ce qui est visible et ce qui est invisible, trônes, souverainetés, principautés, pouvoirs.* ***Tout a été créé par Lui et pour Lui****. Il est avant toutes choses, et tout subsiste en Lui.* (**Colossiens 1:15-17**).

C'est donc parce que Jésus est le descendant biologique de David, arrière-petit-fils d'Abraham, que la promesse de Dieu à Abraham peut se réaliser. Etant le Premier-Né de la nouvelle création, Christ est devenu, comme expliqué plus haut, le Second Homme. Ainsi, l'ensemble des chrétiens nés-de-nouveau – générés – constituent ces nations issues et bénies en Abraham. En effet, Dieu fit la promesse à Abraham lorsque les lois de Moïse n'étaient pas encore promulguées, Isaac, Jacob et Lévi n'étaient pas encore nés. Le sacerdoce lévitique n'existait pas encore. C'est donc par la foi qu'Abraham reçut la promesse de Dieu, et sa foi fut mise à son crédit selon la justice de Dieu. Plus tard, à l'avènement de Jésus, l'Ecriture souligne que le chrétien est sauvé par la grâce, au moyen de la foi et que cela ne vient pas de lui, mais de Dieu. La boucle est alors bouclée. D'un côté, Abraham reçoit de Dieu, de Dieu seul, la promesse qu'il sera le père d'une foule de nations et que toutes les nations de la terre seront bénies en lui. D'un autre côté, le chrétien est sauvé par la grâce de Dieu, devenant membre de la bergerie dont Jésus-Christ est le Premier-Né et le Berger. Une bergerie où se côtoient toutes les nations ayant reconnu Jésus-Christ comme leur Sauveur. Ce n'est donc qu'en Jésus-Christ que *toutes les nations seront bénies en Abraham*.

C'est en Jésus-Christ, et seulement Lui, que la promesse d'Abraham peut s'accomplir. Souvenons-nous de la prophétie de Joël concernant l'effusion de l'Esprit vers la fin des temps :

> «*Dans les derniers jours, dit Dieu, Je répandrai de mon Esprit sur toute chair...*» (**Actes 2:17/ Joël 3:1**).

Ici, il n'est pas dit "*sur toute chair des Juifs*", mais "*toute chair*" sans exception, c'est-à-dire Juifs et non-Juifs confondus. Si le Juif était seul concerné par la prophétie, alors la descendance d'Abraham se limiterait aux descendants juifs biologiques. Ce n'est pas le cas. "*Toute chair*" se réfère donc à "*Toute nation*". Toutes les nations auxquelles se rapporte la prophétie de Joël seront touchées par l'Esprit de Dieu **sur leur peau**. Cette prophétie s'est réalisée le jour de la Pentecôte, comme le précise l'apôtre Pierre dans son discours juste après l'effusion et les langues de feu qui venaient de se produire. Avec la perspective de se convertir à Christ, toutes les nations ont reçu le Saint-Esprit de Dieu sur leur peau – chair. Attention, quiconque ne croit pas que Jésus-Christ est le Fils de Dieu, ne peut recevoir le Saint-Esprit au-dedans de lui, quand bien même le Saint-Esprit serait sur sa chair – peau. Le Saint-Esprit, présent sur *toute chair*, ne signifie pas qu'on est devenu enfant de Dieu. Il faut, au préalable, que "*cette chair*" croit, alors le Saint-Esprit fera Sa demeure au-dedans de "*cette chair*" pour que la promesse devienne effective.

L'apôtre Paul est encore plus explicite quand il affirme que :

> «*L'Écriture, prévoyant que Dieu justifierait les païens (non-Juifs) par la foi, a d'avance annoncé cette bonne nouvelle à Abraham : Toutes les nations seront bénies en toi (…)* **afin que, pour les païens, la bénédiction d'Abraham se trouve en Jésus-Christ** *et que, par la foi, nous recevions la promesse de l'Esprit*» (**Galates 3:8/3:14**).

Comme aucun non-Juif ne fait partie de la descendance biologique d'Abraham, si la promesse de Dieu ne concernait que cette descendance biologique, aucune nation païenne ne serait comprise dans la promesse. Or l'Ecriture précise bien que «*pour les païens, la bénédiction d'Abraham se trouve en Jésus-Christ*». Ainsi, l'unique possibilité pour que les nations païennes accèdent à la promesse d'Abraham, c'est Jésus-Christ. D'une manière générale, c'est par la foi que tout chrétien – Juif et non-Juif – devient héritier des promesses d'Abraham :

> «***Si vous êtes à Christ, alors vous êtes la descendance d'Abraham***, *héritiers selon la promesse*» (**Galates 3:29**).

> «*En effet, ce n'est point par la loi (Moïse) que l'héritage du monde a été promis à Abraham ou à sa descendance, c'est par la justice de la foi* (**Romains 4:13**).

Ainsi donc, le sacerdoce lévitique enfermait les bénédictions d'Abraham dans sa descendance biologique. Les nations païennes, voulant accéder à ces bénédictions, devaient être de la descendance biologique d'Abraham, ce qui n'est pas possible car cette descendance biologique est passée par bien des péripéties telles que les catastrophes, les déportations, les pogroms, au point de frôler l'extermination. En revanche, c'est par le sacrifice de Jésus sur la croix, objet du sacerdoce de Melchisédech, que les nations ayant accepté Jésus-Christ comme Sauveur, deviennent des fils de Dieu en Christ, bénéficiant de la promesse d'Abraham. Car Jésus-Christ est issu de David, fils de Jacob, fils d'Isaac, fils d'Abraham. Ces nations ayant accepté Jésus-Christ comprennent cette fois ci les Juifs et non-Juifs.

L'Ecriture précise que la promesse de Dieu à Abraham ne concerne pas plusieurs descendances, mais une seule (**Galates 3:16**). Comme toutes les nations de la terre seront bénies en Abraham – Juifs et non-Juifs compris – et qu'Abraham n'est pas le père de plusieurs descendances, mais d'une seule, alors la descendance concernée par cette promesse est le Christ. Tous les chrétiens naissent de nouveau en Christ – régénérés. Si l'on s'écarte de Jésus-Christ, les yeux naturels verront plusieurs descendances. Mais en Christ, il existe une seule descendance, celle dont Jésus-Christ est le Premier-Né, la Tête. Il s'agit de la descendance concernée par la promesse d'Abraham. Toutes les nations seront donc bénies en Abraham car étant issues de la descendance dont Jésus-Christ est l'Auteur, le Premier-Né et la Tête. Cette nouvelle création comprend les Juifs et non-Juifs.

Deuxième partie : JUSTICE, CONDAMNATION ET GRACE
Jésus-Christ a réconcilié Juifs et non-Juifs par la croix

Jésus-Christ est le Roi des Juifs

> *«Pilate rentra dans le prétoire, appela Jésus et Lui dit : **Es-Tu le Roi des Juifs ?**»* **Jean 18:33**.
>
> *«Pilate lui dit : Tu es donc Roi ? Jésus répondit : Tu le dis : **Je suis Roi**»* **Jean 18:37**.

La question de Jésus-Roi-des-juifs a pu diviser de nombreux contemporains du Seigneur. Pourtant, c'est conforme aux Ecritures, pour peu qu'on les examine comme le faisait, en son temps, l'apôtre Paul. En appelant Jésus, Fils de David, les Juifs reconnaissaient eux-mêmes que le Seigneur était issu de la descendance du roi David. Mais que dit l'Ecriture ? Elle affirme que l'Eternel Dieu promit à David une royauté éternelle, après que ce dernier proposa de bâtir une maison – temple – pour y faire reposer le nom de Dieu.

C'est donc seulement en Jésus-Christ, présentement assis sur le Trône, à la droite du Père, que cette royauté éternelle est réalisée. On devine sans mal que la déportation et différents malheurs ayant ébranlé les fondations de l'Etat hébreu au fil des siècles, ont eu raison de cette dynastie royale. En effet, aujourd'hui, l'Etat d'Israël, du moins dans sa constitution, n'est pas dirigé par un descendant du roi David. C'est donc par Jésus-Christ que la promesse de Dieu à David, concernant sa royauté éternelle, peut se réaliser car Jésus-Christ est assis sur le Trône de Dieu. Jésus était donc véritablement le Roi des juifs. Pour ce qui est de savoir à quels Juifs on fait allusion, ou qui est Juif et qui ne l'est pas, l'apôtre Paul apporte l'éclairage suivant :

> «*Le Juif, ce n'est pas celui qui en a les apparences* ; et la circoncision, ce n'est pas celle qui est apparente dans la chair. *Mais le Juif, c'est celui qui l'est intérieurement* ; et la circoncision, c'est celle du cœur, selon l'esprit et non selon la lettre. La louange de ce Juif ne vient pas des hommes, mais de Dieu» (**Romains 2:28-29**).

C'est donc par la foi que Jésus est le Roi des juifs. Pilate fit cette inscription sur la croix de Jésus, une décision sur laquelle il ne revint jamais malgré l'opposition du clergé juif (**Jean 19:21-22**).

Juifs et non-Juifs réconciliés en Christ par la croix

Les Juifs sont le peuple des alliances. L'Ecriture établit cette vérité. Les faits le prouvent à suffisance. Dès le premier siècle chrétien, un conflit éclata à plusieurs reprises entre Paul et les Juifs sur la question de savoir s'il fallait judaïser les chrétiens non-Juifs. La polémique fut si grande qu'une conférence se tint à Jérusalem sur la question (**Actes 15:1-29**). Au fil des siècles, des preuves attestent que Juifs et chrétiens non-Juifs furent régulièrement en conflit. Si on peut comprendre l'hostilité d'un Juif orthodoxe à l'égard des chrétiens non-Juifs, on note aussi des conflits ayant opposé des chrétiens Juifs aux chrétiens non-Juifs, les premiers estimant que le sacerdoce lévitique n'a pas été aboli, et que les sacrifices d'animaux continuent d'exister, non pour purifier la conscience des péchés, mais pour célébrer Dieu. Certains Juifs chrétiens reconnaissent que la purification des péchés, par le sang des animaux, a été abolie, mais soutiennent que la célébration de l'Eternel par les mêmes sacrifices est maintenue.

N'en déplaise aux chrétiens judaïsant et aux chrétiens non-Juifs, l'Ecriture établit, sans l'ombre d'un doute, que dans la nouvelle naissance en Jésus-Christ, il n'y a plus d'inimitié entre les deux entités, selon qu'il est écrit :

> «*Jésus-Christ a enlevé toute valeur à la loi de Moïse, à ses commandements et à ses règles. **Alors, avec les Juifs et les non-Juifs, le Christ a créé un seul peuple nouveau en union avec lui**, et ainsi, Il a fait la paix entre eux. En mourant sur la croix, **Il a réuni les Juifs et les non-Juifs en un seul corps, et Il les a réconciliés avec Dieu**. Par la croix, Il a détruit la haine.*» (**Ephésiens 2:15-16/Bible Parole de Vie**).

Il n'y a aucune mauvaise foi dans cette affirmation de l'apôtre Paul, car il a l'honnêteté de signaler la réalité de l'inimitié existant entre Juifs et non-Juifs avant l'avènement du Christ. Dans son introduction, Paul souligne en effet ce qui suit :

> «*Souvenez-vous donc de ceci : **autrefois, vous, païens dans la chair (non-Juifs), traités d'incirconcis par ceux qui se disent circoncis (Juifs)** et qui le sont dans la chair*

> *et par la main des hommes, **vous étiez en ce temps-là sans Christ, privés du droit de cité en Israël, étrangers aux alliances de la promesse, sans espérance et sans Dieu dans le monde**»* (**Ephésiens 2:11-12**).

L'apôtre reconnaît parfaitement qu'avant l'avènement du Christ, il existait une inimitié entre Juifs et non-Juifs car ces derniers étaient sans *alliance, sans Dieu, privés de cité en Israël*. L'apôtre enchaîne aussitôt au **verset 13** par une exception pour les chrétiens non-Juifs :

> «*Mais maintenant, en Christ-Jésus, vous (chrétiens non-Juifs) qui autrefois étiez loin, **vous êtes devenus proches par le sang de Christ. Car c'est Lui notre paix, Lui qui des deux n'en a fait qu'un, en détruisant le mur de séparation, l'inimitié**»* (**Ephésiens 2:13-14**).

Etant réconciliés avec Christ, les chrétiens doivent éviter ce qui divise. D'un côté, les chrétiens Juifs doivent cesser de rappeler le souvenir d'un sacerdoce lévitique qui a échoué, car incapable d'atteindre la justice de Dieu que ce soit par la purification des péchés ou la célébration de Dieu. Parce que le sacerdoce de Melchisédech, dont Jésus est Souverain Sacrificateur pour l'Eternité, est nécessaire et suffisant pour accomplir la totalité des missions anciennement assignées au sacerdoce lévitique. De l'autre côté, les chrétiens non-Juifs doivent éviter d'accuser le peuple Juif, dans son ensemble, d'être responsable de la mort du Seigneur Jésus-Christ. Car l'Ecriture est sans appel là-dessus, c'est le monde qui a crucifié le Seigneur Jésus. Dieu ne rend pas les Juifs responsables de la crucifixion de Jésus. C'est le monde qui L'a crucifié sur une croix romaine, au terme d'un procès rendu par un gouverneur romain. Selon la tradition juive, la condamnation à mort se faisait par lapidation ou par des flèches. Le prétoire romain, ayant entériné la condamnation de Jésus-Christ, c'est le monde, alors dominé par l'empire romain, qui est responsable de la crucifixion du Seigneur Jésus. Pas les Juifs.

Deuxième partie : JUSTICE, CONDAMNATION ET GRACE

L'autorité gouvernementale de l'Eternel et la grâce du Père

Eternel Dieu et Dieu le Père : l'Ecriture ne confond pas ces deux casquettes de Dieu. L'apôtre Paul, docteur de la loi, s'est attelé à rechercher les parallèles entre l'ancienne alliance, inaugurée avec le sang des animaux, et la nouvelle alliance, inaugurée avec le sang de Jésus. Il fit de nombreuses découvertes selon les révélations de l'Esprit Saint. L'apôtre Paul, malgré une abondante littérature sujette aux lapsus, respectait avec une discipline constante, la nuance entre la filiation Père-Fils-Saint-Esprit (qu'on appellera filiation *Parentale ou Paternelle*), et la filiation : Eternel, Très-Haut, Souverain de l'univers (ou filiation *gouvernementale*). Une lecture attentive des Ecritures permet de remarquer ces nuances chez l'apôtre Paul. Et pour cause ! L'apôtre, d'après ses nombreuses épîtres, n'avait jamais oublié le temps où il persécutait l'église de Jésus-Christ. Ce souvenir l'a hanté tout au long de son apostolat à tel point qu'il se consacra, sans relâche, à comprendre, non seulement les raisons de son ancien égarement, mais aussi le mystère du *salut par la grâce, au moyen de la foi*. On peut dire qu'il a parfaitement analysé ces mystères car, mis à part l'Apocalypse de Jean, ses épîtres sont sans égal dans la révélation des mystères de Dieu.

En tant que Souverain, Très-Haut, Eternel des armées, Dieu s'adresse à toutes Ses créatures sans exception, qu'elles soient justes ou méchantes, célestes ou terrestres. Il juge selon le droit et départage les protagonistes. Dieu Se trouve donc à la tête d'un système dit *gouvernemental*. Un peu comme un roi à la tête d'un royaume. En tant que chef du peuple, tous les citoyens ont accès à son prétoire où il juge et départage selon le droit, même si son propre fils est concerné. Cependant, en tant que père, seuls les fils du roi peuvent l'approcher pour affaires privées familiales. De même, en tant que Père, Dieu ne reçoit que Ses enfants, les chrétiens qui sont liés par le sang de Jésus, l'Agneau expiatoire. Jésus-Christ a donc, par Son sacrifice sur la croix, créé une filiation dans laquelle Dieu agit comme le Père. Hier, avant le sacrifice de Jésus, ce Dernier était Fils unique de Dieu. Depuis la crucifixion de Golgotha, Jésus-Christ est devenu le Premier-Né d'entre Ses frères chrétiens. Jésus-Christ est donc passé du statut de Fils unique à celui de Fils Premier-Né, tandis que les chrétiens passent du statut de simples créatures de Dieu à celui de fils de Dieu le Père, cohéritiers avec Jésus-Christ. Par le sacrifice de Jésus, Dieu est devenu le Père des chrétiens en plus de Sa casquette d'Eternel, le Très-Haut.

En commandant «*Que toute personne soit soumise aux autorités supérieures ; car **il n'y a pas d'autorité qui ne vienne de Dieu**, et les autorités qui existent ont été instituées par Dieu*» (**Romains 13:1**), l'apôtre Paul présente Dieu sous Sa casquette d'Eternel des armées, Chef Suprême du système gouvernemental de l'univers. Car nous comprenons que les autorités qui prélèvent les impôts, le font pour Dieu. Jésus Lui-même, sur terre, S'est soumis à l'impôt de César (**Matthieu 17:24-27**). Dieu n'est pas un être habile qui essaie, insidieusement, d'introduire l'évangile de Jésus-Christ pour sauver les hommes et les femmes. Autrement dit, seuls les chrétiens auraient un Dieu, tandis que les autres créatures de l'univers n'En auraient pas. Ce qui tendrait à admettre qu'il existe une poignée de gens et un espace dans l'univers, coupés de Dieu et de Son autorité. Dieu, l'Eternel des armées, est présent partout, gouvernant l'univers ainsi que toutes Ses créatures et toute la création, sans exception. Jésus fut arrêté sous l'accusation d'imposture par le clergé juif, et assigné à comparaître devant

Pilate selon le système gouvernemental de Dieu. Le gouverneur romain, Pilate, rendit sa décision en tant qu'autorité instituée par Dieu. En Se soumettant à la décision du gouverneur Pilate, Jésus se soumettait à Dieu, l'Eternel des armées. Jésus dit d'ailleurs à Pilate, après Son arrestation :

> «*Penses-tu que Je ne puisse pas invoquer **mon Père** qui Me donnerait à l'instant plus de douze légions d'anges ?*» (**Matthieu 26:53**).

Jésus fait bien la différence, ici, entre Dieu, le Juge Suprême, et Dieu le Père. En Se soumettant, comme Il fit à Son arrestation, Jésus Se soumettait à Dieu, l'Eternel des armées. Dieu n'avait pas activé, à cet instant, Sa casquette de Père, auquel cas, Jésus aurait demandé à ce Père *plus de douze légions d'anges* pour voler à Son secours. Mais, lors de l'arrestation de Jésus, Dieu siégeait avec la casquette d'Eternel des armées, Juge Suprême ; et Jésus comparaissait comme imposteur présumé. Jésus répondit d'ailleurs à Pilate «*Tu n'aurais sur Moi aucun pouvoir, s'il ne t'avait été donné d'en-haut*» (**Jean 19:11**). Un pouvoir que Dieu, l'Eternel des armées, possédait *d'en-haut*.

Après la mort de Jésus, c'est en Sa qualité de Père que Dieu Le ressuscita des morts. Car en tant qu'Eternel des armées, Dieu L'avait condamné à mort par le biais du gouverneur Pilate. Mais l'Ecriture dit quelque part «*Que toute langue confesse que Jésus-Christ est Seigneur, **à la gloire de Dieu le Père***» (**Philippiens 2:11**). Dieu fut donc glorifié, en tant que Père, lorsqu'Il ressuscita Jésus-Christ d'entre les morts. En tant que Père, Dieu reconnut que Jésus avait porté les péchés sur la croix afin de sauver les hommes et les femmes de ce monde. Des péchés que Jésus n'avait pas commis personnellement. *C'est pourquoi aussi Dieu L'a*

Du sacerdoce lévitique au sacerdoce du Christ, la lumière sur le salut par la grâce au moyen de la foi
– Sur le fondement des apôtres et des prophètes –

souverainement élevé et Lui a donné le nom qui est au-dessus de tout nom, afin qu'au nom de Jésus tout genou fléchisse dans les cieux, sur la terre et sous la terre, et que toute langue confesse que **Jésus-Christ est Seigneur, à la gloire de Dieu le Père** (**Philippiens 2:9-11**).

Dieu intervient donc selon deux filiations. La première filiation, *«filiation gouvernementale»*, existe depuis le commencement de toutes choses ; c'est celle où Il est Dieu, Eternel, Juge de l'univers. A ce titre, toutes les créatures se présentent devant Lui car Il est l'Autorité suprême de l'univers. La seconde filiation, *«filiation Parentale ou Paternelle»*, est entrée en vigueur depuis l'avènement de Christ. C'est celle où Dieu est le Père des chrétiens dont l'Aîné est Jésus-Christ. Pourquoi les chrétiens deviennent-ils fils de Dieu le Père ? Parce qu'ils possèdent l'Esprit de Christ, Son Fils. L'Ecriture dit que «*Si quelqu'un n'a pas l'Esprit de Christ, il ne Lui appartient pas*» (**Romains 8:9**). L'Ecriture renchérit plus loin en déclarant : «***Quiconque nie le Fils n'a pas non plus le Père ; celui qui confesse le Fils a aussi le Père***» (**1 Jean 2:23**). Notons qu'il n'est pas écrit "*Quiconque nie le Fils n'a pas non plus (l'Eternel) Dieu*" car toutes les créatures sont sous l'autorité de Dieu. Mais toutes les créatures n'ont pas le Père. Seuls les chrétiens ont l'avantage d'avoir Dieu dans Sa filiation Parentale. Les chrétiens sont donc sous deux filiations, la filiation gouvernementale et la filiation Parentale. Attention : la filiation Parentale n'exonère pas de la filiation gouvernementale. L'Ecriture dit seulement qu'en Christ, les chrétiens ont le pardon de leurs péchés, un libre accès auprès du Père, et la vie éternelle, ce qui n'est pas le cas des créatures relevant uniquement de la filiation gouvernementale. Il n'est donc pas conseillé qu'un chrétien méprise les autres créatures au motif que ces dernières n'ont pas le Père. Dieu ne permettra jamais qu'un chrétien méprise les autorités administratives. Tout comme Dieu interdit aux chrétiens de mépriser les démons que l'Ecriture nomme les *gloires déchues* (**2 Pierre 2:10, Jude 1:8**). Etre sous la grâce de Dieu n'exonère donc pas le chrétien de ses obligations envers la filiation gouvernementale, telles que le paiement des impôts, le respect des autorités instituées par Dieu : gouverneurs, préfets, administrateurs divers. Car avant d'être un enfant du Père, bénéficiant de Sa grâce, le chrétien est une créature relevant de la filiation gouvernementale, comme Jésus de Nazareth, Fils de Dieu selon la filiation Parentale, mais Fils de l'homme selon la filiation gouvernementale, statut qui ne L'exonéra ni du paiement de l'impôt à César, ni de la mort par crucifixion.

En disant que «*Dieu a tant aimé le monde qu'Il a donné Son Fils unique*...» (**Jean 3:16**), l'Ecriture établit qu'avant le sacrifice de Jésus, Dieu n'avait qu'un Fils unique. Après le sacrifice de cet unique Fils, Jésus-Christ est devenu le Premier-Né d'un grand nombre de frères.

Nous récapitulons en disant que Jésus fut jugé et crucifié sous l'empire de la filiation gouvernementale de Dieu, Juge Suprême, Souverain de l'Univers. Jésus fut alors accusé d'imposture – qui prétend être Dieu – exécuté selon le gouvernement des hommes par Ponce Pilate. Tandis que sous l'empire de la filiation Parentale, où Dieu est Père, Dieu Se rappela que c'est par amour que Jésus S'offrit en sacrifice pour sauver l'humanité des péchés que Lui-même, Jésus, n'avait pas commis. Aussi, en Le ressuscitant, Dieu *L'a souverainement élevé et Lui a donné le nom qui est au-dessus de tout nom, afin qu'au nom de Jésus tout genou fléchisse dans les cieux, sur la terre et sous la terre, et que toute langue confesse que Jésus-Christ est Seigneur, à la gloire de* **Dieu le Père**. Amen ! Par ce fait, de Fils unique qu'Il était, avant Sa venue sur terre (**Jean 3:16**), Jésus-Christ est devenu le Premier-Né de la création de Dieu (**Colossiens 1:15**).

Lorsque Jésus-Christ passait en jugement devant Pilate, seule la filiation gouvernementale de Dieu était en vigueur tandis que la filiation Parentale était inopérante, sinon Jésus aurait fait descendre une douzaine de légions d'anges pour S'extraire des griffes de Pilate (**Jean 19:11**). A Sa résurrection, la filiation Parentale était opérante.

En définitive, la filiation gouvernementale est le système hiérarchisé par lequel Dieu régit l'univers et Ses créatures, quelles que soient leurs natures bonnes ou méchantes, leurs apparences plaisantes ou répugnantes. Ici, peu importe qui on est, on est régit par le système gouvernemental de Dieu, Juge Suprême. Ce système durera éternellement. Tandis que la filiation Parentale est le système de la grâce où Dieu est un Père pour Ses fils, rachetés par le sang de l'Agneau, Jésus-Christ. Des fils qui croient que Jésus-Christ est le Fils de Dieu, et qui deviennent héritiers de Dieu, cohéritiers avec Christ. Ce système durera jusqu'à l'entrée des fils de Dieu dans la Jérusalem Céleste, puis alors le système gouvernemental fusionnera avec le système Parental où Dieu sera *tout en tous*. Le diable et ses complices seront alors jetés dans le lac de feu et de souffre où la fumée de leur souffrance ne s'éteint pas. Dans la filiation gouvernementale, Dieu fonctionne selon un schéma institutionnel où Il est l'Eternel, Juge des vivants et des morts ; tandis que dans la filiation Parentale, Dieu fonctionne à l'affectif en tant que Père, à la nuance qu'il n'y a ici, aucune compromission possible avec le péché : le péché est pardonné mais pas toléré.

Deuxième partie : JUSTICE, CONDAMNATION ET GRACE
L'autorité gouvernementale de l'Eternel et la grâce du Père

Les chrétiens sont invités à bannir toute complaisance dans l'interprétation des Ecritures. C'est ainsi que de nombreux chrétiens croient que Satan et les démons ne peuvent plus approcher Dieu. C'est une erreur car Dieu reste l'autorité de l'univers, respecté et craint pas toutes Ses créatures, Satan y compris. De nombreux extraits de l'Ecriture l'attestent. D'autres exemples peuvent l'attester comme ci-après.

Le diable se présente devant l'Eternel mais pas devant le Père

«Simon, Simon, **Satan vous a réclamés** *pour vous passer au crible comme le blé*» **Luc 22:31**.

Le diable se présente devant l'Eternel. Dans cet extrait de l'évangile de Luc, Jésus précise bien que *"Satan réclame"*. Il s'agit d'une expression indiquant clairement une requête à l'autorité supérieure, celle qui a le pouvoir de décider. La Bible, version Parole Vivante, est plus explicite : «*Ecoute, Simon, méfie-toi :* **Satan a demandé le droit** *de vous passer tous au crible, comme on secoue le blé pour le séparer de la balle*». "*Satan vous a réclamés* " est donc équivalent à "*Satan a demandé le droit*". Si tel est le cas, la question qui suit est : A qui Satan demande-t-il le droit de cribler les disciples de Christ ? Réponse : l'Eternel Dieu. Nous en avons le cœur net à travers cet autre épisode des Ecritures : «*Or, lorsqu'il contestait avec le diable et discutait au sujet du corps de Moïse, l'archange Michel n'osa pas porter contre lui un jugement injurieux, mais il dit :* **Que le Seigneur te réprime !**» (**Jude 1:9**).

*Du sacerdoce lévitique au sacerdoce du Christ, la lumière sur
le salut par la grâce au moyen de la foi
– Sur le fondement des apôtres et des prophètes –*

Ce passage relate un incident opposant Michel, chef des anges, au diable, concernant le corps de Moïse. Pour se sortir du pétrin, Michel en appelle à une personne qui a autorité sur tout le monde, le diable y compris. Il s'agit du Seigneur Dieu de l'univers, Juge suprême, Eternel des armées. Notons donc ceci : Satan ne peut affronter Dieu sur le terrain gouvernemental car Dieu a autorité sur lui. Dans tous les cas, les chrétiens seront surpris de constater que Satan a le courage et l'opportunité de se tenir devant Sa Majesté Céleste pour des réclamations. C'est parce que le diable reconnaît l'autorité gouvernementale de Dieu sur l'univers, même là où Satan réside, une autorité devant qui, il présente ses requêtes. Satan ne se présenterait JAMAIS devant Sa Majesté Céleste si ce droit ne lui était pas reconnu. C'est que, Satan ou pas, il est une créature de Dieu à l'origine, qui entend réclamer des droits qu'il estime floués.

Il en est de même dans l'épreuve de Job – du **livre éponyme**. Satan réclama le droit d'éprouver la piété de Job en utilisant de terribles plaies. Car pour Satan, la piété de Job reposait sur sa prospérité. Selon l'Ecriture, Job traversa toutes les épreuves avec succès. L'entretien qui nous est relaté, au début du livre éponyme, met bien en scène l'Eternel et Satan.

En disant que Satan ne peut affronter Dieu sur le terrain gouvernemental, nous nous appuyons sur le fait que sa première et unique tentative, en ce sens, fut un échec mémorable qui lui valut la condamnation pour l'éternité en enfer. Le diable ne peut courir le risque d'aggraver sa situation. Les Ecritures évoquent une période, dans le futur, où Satan sera enchaîné pendant mille ans (**Apocalypse 20:1-3**). C'est un signe de l'autorité du Dieu Créateur que Satan respecte en tremblant. L'objectif du diable est de détourner les chrétiens du terrain de la filiation Parentale où il est impuissant. Tandis que sur le terrain de la filiation gouvernementale, Satan peut faire de gros dégâts chez les enfants de Dieu, tel Job dont le souvenir est régulièrement rappelé par l'Ecriture. Les chrétiens doivent donc éviter de quitter le terrain de la grâce et, surtout, d'insulter ces gloires déchues que sont Satan et les démons. Lorsqu'il vient au diable d'attaquer le chrétien sur le terrain de la filiation Parentale, son but inavoué est de le pousser à la faute. Soit il occasionne des retards dans l'exaucement des prières des saints, soit il pousse ces derniers à se méprendre sur le terrain de la filiation gouvernementale comme le fait d'injurier les gloires déchues.

Le diable ne peut s'adresser au Père. Si le diable peut s'adresser au Dieu Créateur, car il est une créature de Dieu à l'origine, en revanche, il ne peut s'approcher de Dieu le (en qualité de) Père car il n'a aucune filiation Parentale avec le Père. En effet, le principe de la filiation Parentale tient à ceci : *Quiconque nie le Fils n'a pas non plus le Père ; celui qui confesse le Fils a aussi le Père* (**1 Jean 2:23**). En effet, il n'est pas possible d'avoir le Fils sans le Père et il n'est pas possible de nier le Fils et d'avoir le Père. Quiconque nie le Fils, ne peut rencontrer le Père, mais le Créateur, l'Eternel des armées, siégeant dans Sa gloire et Son autorité, Lequel rendra Sa décision en dehors du champ de la grâce. C'est ainsi que Dieu traite toutes les créatures qui n'ont pas Christ comme Sauveur (**1 Corinthiens 5:12-13**). Ces créatures ont toujours le droit de s'approcher du Créateur et d'obtenir un jugement. C'est pourquoi l'apôtre Paul crie à leur intention : «*Ceux du dehors, Dieu les jugera*».

Du sacerdoce lévitique au sacerdoce du Christ, la lumière sur le salut par la grâce au moyen de la foi
– Sur le fondement des apôtres et des prophètes –

Jésus, l'Avocat des chrétiens auprès du Père

«*Mes petits enfants, je vous écris ceci, afin que vous ne péchiez pas. Et si quelqu'un a péché, **nous avons un Avocat auprès du Père, Jésus-Christ le Juste**»* **1 Jean 2:1**.

Autre grande conséquence de la filiation Parentale des croyants, Jésus-Christ est leur Avocat auprès du Père. Ainsi lorsque le diable accuse les chrétiens devant Dieu (**Apocalypse 12:10**), ces derniers disposent, en raison de leur filiation Parentale, d'un Avocat, Jésus-Christ, dont le sacrifice a déjà racheté la dette de l'accusé. Et comme on ne peut punir deux fois, pour le même crime, le diable est débouté.

Ceci explique l'importance de la prière enseignée par Jésus-Christ : «*Notre Père qui es aux cieux…*». Par cette prière, Jésus révèle que les chrétiens ont l'avantage d'avoir un *Père qui est aux cieux*. Bien que les chrétiens, comme toutes les créatures de Dieu, aient des comptes à rendre à l'Eternel Dieu, Jésus leur donne, en plus, l'avantage d'être fils du Père, cohéritiers du Christ. C'est-à-dire que les chrétiens peuvent réclamer le sang de l'Agneau, leur Avocat, pour toute accusation dont ils seraient l'objet de la part du diable, *l'accusateur des chrétiens*.

Deuxième partie : JUSTICE, CONDAMNATION ET GRACE
L'autorité gouvernementale de l'Eternel et la grâce du Père

L'Ecriture fait la distinction entre filiation gouvernementale de l'Eternel et filiation Parentale du Père

Une lecture assidue des saintes Ecritures permet de constater que les différents auteurs du Nouveau Testament, de Paul à Jean, ont parfaitement respecté la nuance entre la filiation gouvernementale et celle où Dieu intervient en tant que Père. Les chrétiens sont invités à surveiller ces nuances lorsqu'ils parcourent les Ecritures. Ils verront, à quel point, les Ecritures deviennent agréables à lire. L'épître aux Ephésiens en est un bel exemple. Les chrétiens qui ne distinguent pas ces deux filiations, dans leur lecture, finissent par trouver les Ecritures rébarbatives et lassantes. Non, la bible n'est pas un livre qu'on se lasse de lire.

Le secret de la lecture des Ecritures tient à un seul mot : Lire. Ceux qui lisent assidûment les Ecritures, reconnaîtront que, depuis que le Seigneur a attiré leur attention sur ces nuances, leur lecture a pris une meilleure tournure. Ils découvrent que les Ecritures sont un trésor vivant, un *jardin de fleurs embaumées où on trouve des diamants semés par Dieu*, selon un cantique bien connu.

Deuxième partie : JUSTICE, CONDAMNATION ET GRACE

Regards séparés des Juifs et non-Juifs sur le péché et la loi

Juifs et non-Juifs n'ont pas la même attitude à l'égard du péché. En raison des rapports historiques du Juif avec la loi de Moïse, le péché est un crime passible des pires châtiments. Lorsqu'un Juif s'écrie «J'ai péché !», c'est qu'il a commis un acte passible de mort (**2 Samuel 12:13**). Dès leur plus bas-âge, en effet, les juifs font l'apprentissage des lois de Moïse selon qu'il est écrit :

> «*Et ces paroles que je te donne aujourd'hui seront dans ton cœur.* **Tu les inculqueras à tes fils (Juifs) et tu en parleras quand tu seras dans ta maison,** *quand tu iras en voyage, quand tu te coucheras et quand tu te lèveras. Tu les lieras comme un signe sur ta main, et elles seront comme des fronteaux entre tes yeux. Tu les écriras sur les poteaux de ta maison et sur tes portes*» (**Deutéronome 6:6-9**).

Plus loin, Moïse ajoute :

> «*Lorsque demain ton fils (Juif) te demandera : Que signifient ces déclarations, ces prescriptions et ces ordonnances que l'Éternel, notre Dieu, vous a commandées ?* **Tu diras à ton fils :** *Nous étions esclaves du Pharaon en Égypte, et l'Éternel nous a fait sortir de l'Égypte à main forte. L'Éternel a opéré, sous nos yeux, des signes et des prodiges, grands et désastreux, contre l'Égypte, contre le Pharaon et contre toute*

Du sacerdoce lévitique au sacerdoce du Christ, la lumière sur le salut par la grâce au moyen de la foi
– Sur le fondement des apôtres et des prophètes –

sa maison ; et Il nous a fait sortir de là, pour nous amener dans le pays qu'Il avait juré à nos pères de nous donner. **L'Éternel nous a commandé de mettre en pratique toutes ces prescriptions et de craindre l'Éternel, notre Dieu, afin que nous soyons toujours heureux**, et qu'Il nous conserve la vie, comme Il le fait aujourd'hui» **(Deutéronome 6:21-24).**

On voit, par ces paroles de Moïse, que chaque israélite avait le devoir d'enseigner les commandements de Dieu à ses enfants, dès le bas-âge, afin de maintenir l'alliance de Dieu. Le Juif a donc grandi dans la loi de Moïse. D'autre part, les Juifs lisent la Tora chaque Sabbat, en famille. Tous ces ingrédients contribuent à développer chez le Juif, la crainte du péché dès son plus bas âge. Le péché représente donc, pour le Juif, un acte abominable. Nous noterons que Jésus avait écœuré Ses interlocuteurs en pardonnant aux hommes leur péché. Ils étaient écœurés car Dieu seul en avait le pouvoir, or ils voyaient en Jésus, rien qu'un simple humain. Le péché est donc une affaire très sérieuse chez les Juifs.

Tel n'est pas le cas chez les autres peuples de la terre, les non-Juifs. N'ayant pas reçu, comme les Juifs, l'enseignement sur la sainteté de Dieu, dès leur bas-âge, les non-Juifs n'ont qu'une notion très vague du péché. Autant l'Ancien Testament – Tora – reste le livre de référence chez les Juifs, notamment les cinq premiers livres, de Genèse à Deutéronome, autant le Nouveau Testament semble, lui, concentrer l'attention des chrétiens non-Juifs.

Deuxième partie : JUSTICE, CONDAMNATION ET GRACE
Regards séparés des Juifs et non-Juifs sur le péché et la loi

Cela nous amène à constater que les modes d'évangélisation diffèrent selon que l'interlocuteur est Juif ou non-Juif. L'évangélisation d'un Juif doit s'appuyer, de préférence, sur la Tora – Ancien Testament – leur livre historique. C'est ce que faisaient les chrétiens du premier siècle, lorsque le Nouveau Testament n'était pas encore édité.

Toutefois, bien que les non-Juifs soient ouverts aux modes d'évangélisation classiques, ils doivent aussi s'imprégner de l'Ancien Testament pour mieux comprendre le Nouveau Testament. C'est la pédagogie de l'apôtre Paul dans la plupart de ses épîtres. Au fait, un regard différent permet de constater que le Nouveau Testament n'est qu'une explication de texte de l'Ancien. Les lettres apostoliques, rédigées la plupart du temps à l'attention des Juifs – plus nombreux à se convertir au premier siècle – ne faisaient qu'expliquer comment Moïse avait prévu l'avènement d'un Sauveur dont l'alliance serait meilleure que celle fondée sur les animaux.

Deuxième partie : JUSTICE, CONDAMNATION ET GRACE

Le chrétien, le pardon et la grâce surabondante de Dieu

> *«Alors Pierre s'approcha et Lui dit : Seigneur, combien de fois pardonnerai-je à mon frère, lorsqu'il pèchera contre moi ? Jusqu'à sept fois ? Jésus lui dit : Je ne te dis pas jusqu'à sept fois, **mais jusqu'à soixante-dix fois sept fois**»* **Matthieu 18:21-22**.

En déclarant, par l'apôtre Paul, que l'initiative du *salut par la foi* ne venait pas du chrétien, mais de Dieu seul (**Ephésiens 2:8**), l'Esprit envoie un message plusieurs fois repris dans les Ecritures : Pardonnez ! Puisque la grâce, à la base du salut, ne vient pas de l'homme, ni de ses œuvres et mérites personnels, alors le chrétien est invité à faire grâce, à pardonner. Et pas qu'une fois. Le verset **Matthieu 18:22** ci-dessus parle de *soixante-dix fois sept fois*, ce qui, en réalité, et sans prêter à exagération, donne une idée du caractère infini de la grâce du Père. Le Père aime Ses enfants indéfiniment. Il veut que ceux-ci le sachent. Alors les chrétiens sont invités à pardonner comme leur Père céleste leur commande de faire. Dans la prière enseignée à Ses disciples, Jésus déclare : *«Pardonne-nous nos offenses **comme** nous pardonnons aussi à ceux qui nous ont offensés»*. Jacques précise plus loin *qu'il n'y a pas de miséricorde pour quiconque ne fait pas miséricorde* (**Jacques 2:13**).

Nous devons à la vérité de dire qu'il n'est pas souvent facile de pardonner. Il serait même raisonnable de penser que le pardon dépend de l'intensité de la faute commise. Sans ignorer la difficulté que présentent certains cas, la finalité est que le pardon doit être accordé sans condition. Le Seigneur n'accepte pas que le pardon soit marchandé, car le salut est un don de Dieu. Il suffit de mesurer le sacrifice du Fils unique de Dieu, sur la croix, pour comprendre l'amour de Dieu envers l'homme. Le chrétien est invité à rappeler cet amour en pardonnant, lui aussi, à ceux qui l'ont offensé.

Outre le refus de la miséricorde à ceux qui ne pardonnent pas, plusieurs expériences montrent que la rancune tenace peut nuire à la santé. A force de ruminer la vengeance, on court le risque de fragiliser sa santé. Pardonner, c'est libérer le cœur d'un gros fardeau. C'est bien respirer. Tandis que la vengeance, régulièrement ruminée, étouffe le cœur et l'expose aux risques de défaillance comme par exemple, l'accident vasculaire cérébral (AVC).

Jérusalem terrestre actuelle et Jérusalem céleste du futur

> «*Agar, c'est le Mont Sinaï en Arabie, et elle correspond à la **Jérusalem actuelle (terrestre)**, car elle est dans l'esclavage avec ses enfants. Mais la **Jérusalem d'en haut** est libre, c'est elle qui est notre mère (Sara)*» **Galates 4:25-26**.

En annonçant que toutes les nations seraient bénies en Abraham, Dieu a montré qu'il était impossible aux liens biologiques d'accomplir cette promesse selon qu'il est écrit :

> «*La loi était une mesure transitoire qui devait rester en vigueur jusqu'à la venue de «L'héritier» d'Abraham (Christ) que concernait la promesse*» (**Galates 3:19/Bible Parole Vivante**).

Selon l'Ecriture, la promesse d'Abraham a été mise entre parenthèses, jusqu'à ce que Jésus vienne l'accomplir, car c'est Jésus qui était concerné par cette promesse. C'est donc Lui, Jésus, L'Héritier de cette promesse, et non les Juifs biologiques qui ont vécu depuis l'époque d'Abraham jusqu'à Lui, en passant par les prophètes. Pourquoi Jésus est-Il Celui par Qui toutes les nations sont bénies en Abraham ? Parce que, selon l'Ecriture, «*Dieu a envoyé dans nos cœurs l'Esprit de son Fils, qui crie : Abba ! Père !*» (**Galates 4:6**). La loi n'a donc été qu'une parenthèse pour éviter de parvenir à la justice de Dieu SANS la foi. En imposant aux israélites de l'ancienne alliance, d'être sauvés par les œuvres de la loi de Moïse, sachant que cela leur était humainement impossible, Dieu empêchait quiconque de parvenir à Sa justice sans la foi. Dieu S'est donc servi du sacerdoce lévitique pour enfermer les hommes dans la désobéissance, en attendant l'avènement de Celui qui allait offrir, à l'humanité entière, le salut par la foi : Jésus-Christ. Il est en effet écrit :

> «*Avant que soit instauré le régime de la foi,* ***nous étions emprisonnés par la Loi et sous sa surveillance, dans l'attente du régime de la foi qui devait être révélée***» (**Galates 3:23/Bible Semeurs**).

Ainsi, la Loi de Moïse, via le régime ancien, a été un inhibiteur pour empêcher que le salut soit accessible sans la foi. Après l'avènement de Christ, l'Héritier de la promesse d'Abraham, les hommes et femmes parviennent à la justice de Dieu par la foi en Lui, et non par les œuvres de la loi (**Galates 3:24**).

C'est donc l'Esprit de Jésus-Christ, dans le cœur du chrétien, qui fait de ce dernier un fils de Dieu. On est fils de Dieu par l'Esprit du Christ – Esprit Saint – présent dans le cœur. C'est à ce titre que les bénédictions d'Abraham deviennent celles du chrétien, peu importe les origines biologiques de ce dernier, selon qu'il est écrit :

> «***Il n'y a plus ni Juif ni Grec, il n'y a plus ni esclave ni libre, il n'y a plus ni homme ni femme, car vous tous, vous êtes un en Christ-Jésus.*** *Et si vous êtes à Christ, alors vous êtes la descendance d'Abraham,*

> ***héritiers selon la promesse»*** (**Galates 3:28-29**).

Aussi, depuis l'avènement de Jésus-Christ, la promesse d'Abraham est entrée en vigueur et concerne, non pas les Juifs biologiques, mais *tous ceux qui ont revêtu Christ*, sans exception : **Juifs et Grecs, esclaves et libres, hommes et femmes, blancs et noirs**, Américains et Français, Chinois et Japonais, Indiens et Canadiens, sénégalais et camerounais, tous ceux qui ont revêtu Christ. Ce sont *tous ceux qui ont revêtu Christ*, sans distinction de race, de sexe et de statut social, qui forment ces *nations bénies en Abraham*. Toutes ces nations, rassemblées en Christ, forment la Jérusalem d'en haut ou Israël de Dieu selon qu'il est écrit :

> «*Sur tous ceux qui suivront cette règle, paix et miséricorde, ainsi que sur* ***l'Israël de Dieu !***» (**Galates 6:16**).

Deuxième partie : JUSTICE, CONDAMNATION ET GRACE

En ce qui concerne les Juifs

L'apôtre Paul fut très peiné de savoir que ses frères biologiques Juifs étaient réfractaires au message du salut par la foi. Il exprima sa déception par maints passages des Ecritures, dans ses épîtres aux Romains, aux Galates et aux Hébreux, pour ne citer que quelques-unes.

La Jérusalem terrestre est fille d'Agar et non de Sara

> *«Agar, c'est le Mont Sinaï en Arabie, et elle correspond à la **Jérusalem actuelle (terrestre)**, car elle est dans l'esclavage avec ses enfants. Mais la **Jérusalem d'en haut** est libre, c'est elle qui est notre mère»* **Galates 4:25-26**.

Les Juifs seraient très peinés d'apprendre que la Jérusalem actuelle, la terrestre, est la fille spirituelle d'Agar, l'esclave de Sara. Alors que tous les Juifs se réclament d'Abraham et de Sara, leurs ancêtres biologiques, les traiter de fils d'Agar, mère d'Ismaël, esclave de Sara, est une grosse offense. Pourtant l'Ecriture l'affirme explicitement. Elle dit en substance ceci :

> *«Abraham eut deux fils, un (Ismaël) de la femme esclave et un (Isaac) de la femme libre. Mais celui de l'esclave fut engendré*

> *selon la chair, et celui de la femme libre en vertu de la promesse. Il y a là une allégorie ; car **ces femmes sont les deux alliances**. L'une, celle du Mont Sinaï, enfante pour l'esclavage : c'est Agar»* (**Galates 4:22-24**).

Faisant suite au verset 24 ci-dessus, il est dit que l'ancienne alliance, donnée à partir du Mont Sinaï, enfante pour l'esclavage. L'apôtre assène un coup de massue en disant : *«Agar, c'est le Mont Sinaï en Arabie, et elle correspond à la **Jérusalem actuelle (terrestre)**, car elle est dans l'esclavage avec ses enfants»* (**V25**). Ce qui reviendrait à dire, ni plus ni moins, que la Jérusalem actuelle est formée des fils spirituels d'Ismaël. "Spirituels" car biologiquement, les juifs sont de Jacob, fils d'Isaac, fils de Sara. Dire d'un Juif, aujourd'hui, qu'il est un ismaélite spirituel, ne peut être que démesurément offensant, il faut l'avouer. Mais l'Ecriture l'affirme ! En disant que *«la **Jérusalem d'en haut** est libre, c'est elle qui est notre mère»* (**V26**), l'apôtre indique clairement que Sara est la mère de tous les chrétiens, nés de nouveau, membres de la **Jérusalem d'en haut**, capitale du royaume d'en haut.

Au **verset 25**, quand l'apôtre affirme que *«Agar, c'est le Mont Sinaï en Arabie»*, il rappelle le lieu mythique où Dieu livra Ses dix commandements par le biais des anges (**Exode 20**). Il découle de soi que le sacerdoce lévitique, fondé sur les lois de Moïse, avait véritablement pour but d'enfermer les hommes dans la désobéissance – esclavage du péché – afin d'attendre l'Héritier des promesses d'Abraham, Jésus-Christ, qui allait inaugurer l'unique chemin du salut : la foi. Comme l'Ecriture l'affirme explicitement, Dieu ne voulait pas que les prophètes de l'ancienne alliance parviennent au salut sans les chrétiens de la nouvelle alliance (**Hébreux 11:40**).

Deuxième partie : JUSTICE, CONDAMNATION ET GRACE
En ce qui concerne les Juifs

Dans son épître aux Hébreux, l'apôtre cite les grands prophètes de l'ancienne alliance, d'Abel à Abraham, en passant par Hénoch et Noé, pour rappeler que ces patriarches sont morts dans la foi, sans avoir obtenu ce qui leur avait été promis, mais qu'ils l'avaient salué de loin : «*C'est dans la foi qu'ils sont tous morts, sans avoir obtenu les choses promises, **mais ils les ont vues et saluées de loin**, en confessant qu'ils étaient étrangers et résidents temporaires sur la terre*» (**Hébreux 11:13**). Poursuivant dans sa lancée, l'apôtre liste un second groupe de patriarches, d'Abraham à David, en disant qu'ils n'avaient pas, non plus, obtenu l'héritage promis. Et pour quelle raison ? La voici : Dieu avait en vue quelque chose de meilleur pour les chrétiens de la nouvelle alliance, *afin que ces patriarches ne parviennent pas sans eux (chrétiens) à la perfection* (**Hébreux 11:40**). Tout ceci confirme que le sacerdoce lévitique, fondé sur les œuvres de la loi de Moïse, n'était qu'une parenthèse dans laquelle l'humanité était retenue captive en attendant l'Agneau, Jésus, par le sacrifice Duquel le salut s'obtiendrait par la foi. Jésus-Christ est donc devenu la clé de réalisation des promesses d'Abraham. Avant la venue du Christ, seules deux promesses avaient été réalisées : l'entrée d'Israël sur la terre promise et le maintien sur ladite terre malgré plusieurs déportations et tragédies humaines. Quid des descendants *aussi nombreux que le sable de la mer et les étoiles du ciel* ? Quid de ces *nations bénies en Abraham* ? C'est par Jésus seul que les nations – Juifs et non-Juifs – entrent dans la promesse, grâce au sang versé sur la croix ; des nations qui croient que Jésus-Christ est le Fils de Dieu, l'Agneau expiatoire. Ces nations venant de toutes origines, Juifs et non-Juifs y compris, permettent d'honorer la promesse d'Abraham. Ainsi, sur la base de cette promesse, *Il n'y a plus ni Juif, ni Grec, ni esclave, ni libre, ni homme, ni femme, car tous (nations converties) sont un en Christ-Jésus, de la descendance d'Abraham, héritiers selon la promesse*» (**Galates 3:28-29**).

Du sacerdoce lévitique au sacerdoce du Christ, la lumière sur
le salut par la grâce au moyen de la foi
– Sur le fondement des apôtres et des prophètes –

Les Juifs ne sont pas coupables de la mort de Jésus de Nazareth

Selon l'Ecriture, Jésus a bel et bien été exécuté au terme d'un procès régulier dont la sentence fut rendue par le gouverneur romain, Ponce Pilate. Qu'il y ait, derrière ce procès, des manigances du clergé juif faisant pression sur le gouverneur romain, la réalité est que Jésus fut condamné à mort et pendu au terme d'un procès tenu selon la loi romaine en vigueur. Si les Juifs avaient été responsables de Sa mort, les Juifs auraient lapidé ou transpercé Jésus de flèches comme l'exigeait la loi juive. Il est plutôt constant que Jésus ne fut ni lapidé, ni transpercé de flèches, mais crucifié selon la loi romaine de l'époque en matière d'exécution capitale.

Nous avons vu plus haut que Dieu, en Sa qualité de Juge Suprême de l'Univers, a validé la sentence. En revanche, en Sa qualité de Père, Il a ressuscité Jésus d'entre les morts, car c'est par amour que Jésus, Agneau immaculé, S'était chargé des péchés de l'humanité. En tant que Père compatissant, Dieu S'est rappelé au bon souvenir de Son Fils qu'Il a *souverainement élevé en Lui donnant le nom qui est au-dessus de tout nom, afin qu'au nom de Jésus tout genou fléchisse dans les cieux, sur la terre et sous la terre, et que toute langue confesse que Jésus-Christ est Seigneur, à la gloire de **Dieu le Père***. Il est bien écrit «à la gloire de **Dieu le** (en qualité de) **Père**» car la résurrection de Jésus n'est intervenue qu'à ce titre. Car pour Dieu, siégeant en qualité d'Eternel, Jésus méritait la mort sur la croix, au terme d'un procès conforme à la loi, et l'Eternel Dieu ne peut Se dédire. La même autorité ne peut tuer et ressusciter car cela n'aurait aucun sens, si ce n'est une erreur judiciaire. Un juge ne peut condamner et gracier sous la même casquette. Soit il condamne et un autre gracie, soit il gracie

Deuxième partie : JUSTICE, CONDAMNATION ET GRACE
En ce qui concerne les Juifs

après qu'un autre a condamné. C'est donc sous deux casquettes différentes que la crucifixion et la résurrection de Jésus ont été réalisées par Dieu. Rappelons bien que Dieu a validé la crucifixion sous la casquette d'Eternel, Juge Suprême car Jésus dit à Pilate : *«Tu n'aurais sur Moi aucun pouvoir, s'il ne t'avait été donné d'en-haut – par l'Eternel»* (**Jean 19:11**). En revanche, c'est en Sa qualité de Père que Dieu ressuscita Jésus d'entre les morts.

L'Ecriture soutient du reste que c'est le monde qui a crucifié le Seigneur, en disant :

> *«Cette sagesse-là, **les grands de ce monde** ne la connaissent pas, car s'ils l'avaient connue, **ils n'auraient pas crucifié le Seigneur glorieux**»* (**1 Corinthiens 2:8/Semeurs**).

Ces propos sont tenus par l'apôtre Paul, Juif né de Juif, de la tribu de Benjamin, circoncis le huitième jour, pharisien et disciple d'un grand rabbin en Israël (Gamaliel), connu pour être le grand adversaire de ceux qui prônaient la judaïsation des chrétiens, un combat qui valut à Paul d'être pourchassé partout par les Juifs, durant son ministère apostolique, jusqu'au tribunal de César à Rome.

Il est donc dommage que le peuple Juif ait subi des accusations d'assassinat du Seigneur Jésus-Christ depuis deux mille ans. En effet, il est avéré que plusieurs croisades de l'antiquité engendraient des persécutions contre le peuple Juif. C'est une histoire qui fait tache et continue de créer un climat de méfiance entre Juifs et chrétiens non-Juifs. Non, les Juifs ne sont pas responsables de la mort de Jésus-Christ, mais plutôt le monde dont

*Du sacerdoce lévitique au sacerdoce du Christ, la lumière sur
le salut par la grâce au moyen de la foi
– Sur le fondement des apôtres et des prophètes –*

la race Juive fait partie. A cause de la décision du gouverneur romain Pilate, ce ne sont pas les Juifs qui ont crucifié le Seigneur, mais le monde entier. L'Ecriture le soutient.

Le sacerdoce lévitique et le sacerdoce de Melchisédech sont incompatibles et ne peuvent cohabiter

Dans le sacerdoce lévitique, Aaron fut élevé à la dignité de souverain sacrificateur. Mais Aaron et ses successeurs étaient mortels et soumis aux faiblesses. Ces grands prêtres officiaient dans un temple de pierres, fait de mains d'hommes. (La tribu de) Lévi avait alors la supériorité sur ses frères, Juda y compris. En revanche, dans le sacerdoce de Melchisédech, Jésus-Christ, devenu immortel après Sa résurrection, a été fait Souverain Sacrificateur pour l'éternité selon l'ordre de Melchisédech. Il officie dans un temple qu'Il a inauguré par Son propre sang. Il est immortel, non soumis aux faiblesses comme Aaron et ses successeurs. Comme Jésus-Christ descend de Juda, par Son ancêtre David, (la tribu de) Juda a alors la supériorité sur ses frères, dont Lévi, dans ce nouveau sacerdoce. **Comme on ne peut avoir, en même temps, un sacerdoce où Lévi est supérieur à Juda et un sacerdoce où Juda est supérieur à Lévi, il est impossible que ces deux sacerdoces cohabitent.** Le sacerdoce de Melchisédech a d'abord existé lorsqu'Abraham paya sa dîme à Melchisédech, roi de Salem. Puis le sacerdoce lévitique a pris le relais pour s'éteindre avec la réapparition du sacerdoce de Melchisédech via le Christ. Le sacerdoce lévitique établit que l'on est sauvé par les œuvres de la loi ; tandis que le sacerdoce de Melchisédech établit qu'on est sauvé par la grâce, au moyen de la foi. Le salut par la loi s'appuie sur les efforts humains tandis que le salut par la grâce s'appuie sur

Deuxième partie : JUSTICE, CONDAMNATION ET GRACE
En ce qui concerne les Juifs

la foi, et cela ne vient pas de l'homme, mais de Dieu. L'Ecriture le dit de manière très explicite, le sacerdoce lévitique a été supprimé dès l'avènement du sacerdoce de Melchisédech – Jésus crucifié. J'ai pris part à un forum où certaines personnes, de race juive pour la plupart, affirmaient que le sacerdoce lévitique n'a jamais été supprimé, mais qu'il accompagne et complète le sacerdoce de Melchisédech par des sacrifices destinés, non à la purification des péchés, mais à la louange. C'est une terrible méprise car le sacerdoce de Melchisédech comprend la louange. La louange d'Aaron envers l'Eternel Dieu ne peut compléter le sacerdoce de Jésus-Christ, car Jésus-Christ n'a pas de leçon à recevoir d'Aaron en matière de célébration du Père. Jésus-Christ, Souverain Sacrificateur pour l'éternité, loue Son Père mieux que le meilleur des mortels, mieux qu'Aaron et ses descendants.

L'Ecriture déclare solennellement que le sacerdoce lévitique n'avait qu'un but négatif, à savoir, enfermer l'humanité dans le péché, l'ignorance et l'esclavage, afin que nul ne puisse parvenir au salut sans la foi, un chemin que seul Jésus-Christ a inauguré. Aussi aucun péché commis sous le sacerdoce lévitique, ne fut réellement purifié. C'est l'Ecriture qui l'affirme.

Dieu n'a pas permis aux patriarches de l'Ancien Testament, de parvenir à la promesse d'Abraham de leur vivant, car Dieu ne voulait pas qu'ils y parviennent sans les chrétiens. Car la vraie descendance qui devait réaliser les promesses d'Abraham s'appelle Jésus-Christ. C'est par Jésus-Christ, et uniquement Lui, que les promesses d'Abraham sont entrées en vigueur. Christ ayant ouvert le salut aux nations, par Son Esprit qui habite en quiconque croit en Lui, la bénédiction d'Abraham peut se réaliser : ainsi «*Toutes les nations (croyantes en Christ) seront bénies en Abraham*».

*Du sacerdoce lévitique au sacerdoce du Christ, la lumière sur
le salut par la grâce au moyen de la foi
– Sur le fondement des apôtres et des prophètes –*

Une fois le salut par la foi entré en vigueur, le sacerdoce lévitique a pris fin. Depuis l'entrée en vigueur du sacerdoce de Melchisédech, par la résurrection du Seigneur Jésus-Christ, le sacerdoce lévitique est devenu clandestin, entretenu par des personnes mal affermies, ignorantes des bénéfices de l'œuvre de Jésus-Christ sur la croix.

Autres correspondances entre Ancien et Nouveau Testaments

*«Ceux-ci célèbrent un culte qui est **une image et une ombre des réalités célestes**, ainsi que Moïse en fut divinement averti, quand il allait construire le tabernacle : Regarde, lui dit Dieu, tu feras tout d'après le modèle qui t'a été montré sur la montagne»* **Hébreux 8:5**.

*«Mais maintenant, Christ a obtenu un ministère d'autant supérieur qu'Il est médiateur d'une alliance meilleure, **fondée sur de meilleures promesses**. Si, en effet, la première alliance avait été irréprochable, il n'y aurait pas lieu d'en chercher une seconde»* **Hébreux 8:6-7**.

Comme on le perçoit à travers l'épître aux Hébreux, le sacerdoce lévitique n'était qu'une image des réalités à venir, des réalités célestes. En d'autres termes, l'Ancien Testament n'était que le symbole du Nouveau Testament. L'identification des parallèles et correspondances entre ces deux testaments aide à bien cerner la pédagogie de Dieu dans la transition de l'un vers l'autre.

Du sacerdoce lévitique au sacerdoce du Christ, la lumière sur
le salut par la grâce au moyen de la foi
– Sur le fondement des apôtres et des prophètes –

Méfiance entre Juifs et chrétiens non-Juifs

Un regard rapide dans le vécu des Juifs et des chrétiens non-Juifs, notamment leur rapport aux saintes Ecritures, permet de relever que les Juifs ont une préférence pour l'Ancien Testament – Tora – alors que les chrétiens non-Juifs préfèrent le Nouveau Testament. Pour des raisons qui leur sont propres, les Juifs – y compris des chrétiens déclarés – émettent des réserves sur le Nouveau Testament, soupçonnant des traductions défavorables à leur endroit. De leur côté, les chrétiens non-Juifs lisent très peu l'Ancien Testament, estimant, pour certains d'entre eux, que c'est le livre du sacerdoce lévitique, fondé sur les sacrifices d'animaux qui n'ont plus de valeur dans la nouvelle alliance en Jésus-Christ.

Il est possible, qu'à la lecture du paragraphe qui précède, le lecteur soit surpris. C'est le cas si, par exemple, l'environnement du lecteur est muet sur ces questions. Nous lui conseillons alors de passer sur ce paragraphe. Mais ceux qui sont témoins de ces réalités se retrouveront dans nos propos. Loin de nous des polémiques futiles. Il importe surtout de noter que le Seigneur Dieu, dans Sa miséricorde, a pourvu tout ce qui est nécessaire à la piété. Par Sa grâce, des révélations ont été apportées à plusieurs chrétiens dont l'apôtre Paul, sur les parallèles entre l'Ancien Testament – ancienne alliance – inauguré par le sang des animaux, et le Nouveau Testament – nouvelle alliance – inauguré par le sang de Jésus. C'est ce qui est exposé ci-après.

Deuxième partie : JUSTICE, CONDAMNATION ET GRACE
Autres correspondances entre Ancien et Nouveau Testaments

Le sang des animaux de l'Ancien Testament et le sang de Jésus dans le Nouveau Testament

Le sang des animaux servait à purifier les israélites de leurs péchés. Ce sang était offert par les sacrificateurs, fils d'Aaron, de la tribu de Lévi. Tandis que le sang de Jésus sert, aujourd'hui, à purifier les chrétiens de leurs péchés. Le sang de Jésus a été offert, une fois pour toutes, par Jésus-Christ Lui-même. En particulier, il est permis à toute personne, homme, femme, musulman, tibétain, brahmane, maoïste, shintoïste, animiste ou autre, d'invoquer le nom de Jésus pour être sauvé. Tel n'était pas le cas dans l'Ancien Testament où il fallait sacrifier un animal pour chaque faute commise. Dix fautes commises, en un trimestre, occasionnaient dix sacrifices d'animaux. Ces sacrifices étaient offerts par plusieurs générations de sacrificateurs – prêtres. Dans le Nouveau Testament, le sang de Jésus de Nazareth a été offert par Lui-même, une fois pour toutes, c'est-à-dire que, plus jamais, aucun sacrifice de sang ne sera offert pour le pardon des péchés. Tout ce que le chrétien a à faire, c'est de rappeler le sang de Jésus versé sur la croix. Il est important de dire que si dans le Nouveau Testament, Jésus-Christ est le Souverain Sacrificateur – Grand Prêtre – pour l'Eternité, selon l'ordre de Melchisédech, le chrétien est considéré comme un sacrificateur de Dieu (**Apocalypse 1:6**). Comme sacrificateur, le chrétien n'offre pas des sacrifices d'animaux. Cependant, ses prières, jeûnes et autres offrandes volontaires sont des sacrifices de bonne odeur devant le Seigneur (**Hébreux 13:15, Apocalypse 5:8, 8:3-4**).

Du sacerdoce lévitique au sacerdoce du Christ, la lumière sur le salut par la grâce au moyen de la foi
– Sur le fondement des apôtres et des prophètes –

Le temple de Dieu dans la Jérusalem d'en bas et le temple de Dieu dans la Jérusalem d'en haut

Le temple de Dieu à Jérusalem était fait de pierres, aux dimensions bien connues, conformément au modèle céleste présenté à Moïse (**Exode 25:9**). Ce temple fut d'abord un assemblage de tissus et de piquets, à son inauguration, avant d'être refait en matériau définitif par le roi Salomon. Il fut inauguré par le sang des animaux, sous la direction de Moïse. Le service était dirigé par des sacrificateurs, fils d'Aaron, sous la conduite d'un aîné appelé souverain sacrificateur ou grand prêtre. Aaron fut le premier grand prêtre, secondé et remplacé plus tard par ses fils Eléazar et Itamar. La particularité du sacerdoce lévitique était que les prêtres se succédaient d'une génération à l'autre, et les sacrifices d'animaux étaient répétés indéfiniment. Dans le sacerdoce lévitique, la tribu de Lévi avait la supériorité sur les onze autres tribus d'Israël.

En revanche, le temple de Dieu, dans la Jérusalem d'en haut, suit une autre règle car *Dieu est le temple ainsi que l'Agneau* (**Apocalypse 21:22**). C'est pourquoi l'Ecriture dit que ce temple a été inauguré par le sang de Jésus – l'Agneau – et que Jésus-Christ y a été fait Souverain Sacrificateur pour l'éternité selon l'ordre de Melchisédech. Jésus-Christ, Souverain Sacrificateur, est secondé par les sacrificateurs que sont les chrétiens. Ces derniers apportent des sacrifices de prières et de louanges (**Hébreux 13:15**). Dans le sacerdoce éternel et parfait, la tribu de Juda a la supériorité sur les autres car Jésus-Christ est issu de Juda via Son ancêtre David. Jésus-Christ, devenu immortel et irremplaçable, le sacerdoce de Melchisédech est infaillible, car le Seigneur n'est pas exposé aux péchés comme les souverains sacrificateurs de la lignée d'Aaron (**Hébreux 7:27**).

Israël d'en bas et Israël d'en haut

Israël d'en bas est constitué des descendants biologiques d'Abraham, d'Isaac et de Jacob. Il faut bien indiquer le trio Abraham-Isaac-Jacob pour éviter d'associer les ismaélites, fils d'Abraham, et les édomites, fils d'Ésaü, frère jumeau de Jacob. Ce sont les israélites qui étaient concernés par le sacerdoce lévitique. C'est parmi ces israélites que Jésus est né. On appelle ces israélites, le peuple des alliances, c'est-à-dire, le peuple par lequel Dieu fit connaître aux hommes Ses commandements. Le peuple israélite est celui à qui il fut demandé d'être sauvé par la loi de Moïse.

Israël d'en haut a pour capitale la Jérusalem céleste. Il est constitué de ceux qui croient que Jésus est le Fils de Dieu. Ce sont les chrétiens qui ont reçu pour gage de leur salut, l'Esprit du Christ, sachant que quiconque n'En possède pas, n'appartient pas à Christ, ne fait pas partie de Sa bergerie. Israël d'en haut est ainsi constitué des membres de la bergerie de Christ. Il s'agit, aussi bien de chrétiens qui sont déjà morts en Christ, que de ceux encore en vie. L'Ecriture affirme ce qui suit :

> «*Car le Seigneur Lui-même, à un signal donné, à la voix d'un archange, au son de la trompette de Dieu, descendra du ciel, et **les morts en Christ ressusciteront en premier***

lieu. Ensuite, nous les vivants, qui serons restés, *nous serons enlevés ensemble avec eux dans les nuées, à la rencontre du Seigneur dans les airs, et ainsi nous serons toujours avec le Seigneur»* (**Thessaloniciens 4:16-17**).

L'apôtre Paul informait les Thessaloniciens, que les chrétiens décédés – morts en Christ – et les chrétiens encore vivants, ont un même destin par rapport au retour de Christ. Cela est rendu possible par le fait, qu'en dépit de leur disparition, les chrétiens décédés font toujours partie de la bergerie de Christ. Les chrétiens encore vivants n'iront pas, seuls, à la rencontre de Christ dans les airs, au son de la trompette.

Le souverain sacrificateur d'en bas et le Souverain Sacrificateur d'en haut

Le souverain sacrificateur ou grand prêtre du temple d'en bas, de la Jérusalem terrestre, était lévite, de la lignée d'Aaron, premier souverain sacrificateur du temple de Jérusalem. Il était mortel comme tous les humains. A sa mort, ses fils lui succédèrent selon un rituel bien défini. C'est ainsi que les descendants d'Aaron se sont succédé à la tête du temple de Jérusalem, jusqu'à l'avènement du Christ. A l'époque de Jésus, Caïphe et Anne étaient les souverains sacrificateurs fils d'Aaron. En tant qu'humains, les souverains sacrificateurs étaient faillibles, sujets aux tentations et aux péchés divers. C'est pourquoi, le rituel solennel et annuel de purification prévoyait une procédure pour les péchés du souverain sacrificateur, lui-même, afin que ce dernier ne souillât pas le service destiné aux israélites. Il ne fallait pas qu'il porte les péchés du peuple devant Dieu si lui-même n'était pas purifié de ses propres péchés.

Le Souverain Sacrificateur du temple d'en haut, de la Jérusalem céleste, est de la tribu de Juda, et s'appelle Jésus-Christ. Il est infaillible, immortel et irremplaçable. Il est éternel. Il n'a pas à soumettre des sacrifices pour Ses propres péchés car Il est immaculé. Aussi Son sacerdoce est-il qualifié d'éternel. C'est ce sacerdoce qui était attendu tandis que celui de Lévi était un avant-goût, une parenthèse appelée à se refermer. Une fois le sacerdoce éternel – Melchisédech – entré en vigueur, depuis la résurrection et la glorification de Jésus-Christ, le sacerdoce lévitique est devenu caduc. Il est mort avec le régime ancien de la lettre qui tue, l'ancienne alliance ou Ancien Testament.

L'héritage des sacrificateurs du temple d'en bas et des sacrificateurs (chrétiens) du Temple d'en haut

«*L'Éternel dit à Aaron :* ***Tu n'auras pas d'héritage dans leur pays, et il n'y aura point de part pour toi au milieu de tes frères*** *; c'est Moi qui suis ta part et ton héritage au milieu des Israélites*» **Nombres 18:20**.

> «*C'est pourquoi* **Lévi n'a ni part ni héritage avec ses frères : l'Éternel est Son héritage**, *comme l'Éternel, ton Dieu, le lui a dit*» **Deutéronome 10:9**.
>
> «*Ne vous amassez pas de trésors sur la terre, où les vers et la rouille détruisent et où les voleurs percent et dérobent, mais amassez des trésors dans le ciel, où ni les vers ni la rouille ne détruisent, et où les voleurs ne percent ni ne dérobent. Car là où est ton trésor, là aussi sera ton cœur*» **Matthieu 6:19-21**.

Les sacrificateurs du temple de Moïse étaient tous de la descendance d'Aaron, de la tribu de Lévi. Aaron, leur ancêtre, fut le premier souverain sacrificateur – grand prêtre. La particularité de ces sacrificateurs était qu'ils n'avaient pas d'héritage en Israël, parmi leurs frères. Les passages ci-dessus l'attestent. Les lévites recevaient tout ce que le peuple israélite consacrait à Dieu. Aussi l'Ecriture a-t-elle dit, au sujet du souverain sacrificateur Aaron, que *l'Eternel était sa part et son héritage*.

Dans le Nouveau Testament, Jésus-Christ est Souverain Sacrificateur pour l'éternité. Il est clair que les sacrificateurs du Nouveau Testament sont issus de Christ. Ce sont les chrétiens dont l'acte de naissance, dans la bergerie du Christ, est d'être dépositaires de l'Esprit du Christ. Comme au temps de l'Ancien Testament où les sacrificateurs lévitiques n'avaient pas d'héritage parmi les israélites, les chrétiens, considérés comme sacrificateurs de Dieu (**Apocalypse 1:5-6**), n'ont pas d'héritage sur la terre.

L'Ecriture affirme que les chrétiens sont des immigrants, des résidents temporaires. Le roi David, au plus fort de son règne à la tête d'Israël, conduit par l'Esprit Saint, disait qu'il était un immigrant en Israël (**Psaumes 39:12**). Lui, le roi d'Israël, comment pouvait-il se considérer comme immigrant dans son propre pays ? Le Seigneur Jésus exhortait Ses disciples à ne pas accumuler des richesses sur la terre, mais au ciel, là *où ni les vers ni la rouille ne détruisent, et où les voleurs ne percent ni ne dérobent* (**Matthieu 6:19-21**).

Dieu l'héritage des chrétiens. Les chrétiens doivent donc retenir que le Père est leur héritage sur terre. Les chrétiens n'ont plus d'héritage sur la terre avec les humains. Aussi d'une part, Jésus avait-Il dit au *jeune homme riche* de vendre ses biens, de les distribuer aux pauvres et de Le suivre. Au terme de la conférence de Jérusalem, réunissant les chrétiens Juifs de Jérusalem et de la diaspora (**Actes 15**), il fut recommandé aux chrétiens non-Juifs, entre autres, **de venir en aide aux pauvres**. La question du «*venir en aide aux pauvres*» rejoint ce principe selon lequel, l'héritage du chrétien sur la terre, c'est Dieu et seulement Lui.

Les chrétiens sont des résidents temporaires sur terre comme David à Jérusalem

C'est connu, les chrétiens n'ont pas de cité permanente ici-bas, car ils sont citoyens du royaume des cieux. Jésus a bien dit que Ses disciples n'étaient pas de ce monde, bien qu'ils aient à vivre dans le monde (**Jean 17:14-17**). Les chrétiens vivent dans le monde en attendant le retour de Jésus-Christ qui les fera entrer dans le royaume des cieux. Jésus a dit à Ses disciples qu'Il irait leur préparer une place afin que là où Il serait, Ses disciples soient aussi. Le statut du chrétien sur la terre, aujourd'hui, est qu'il est un immigrant, un résident temporaire, membre d'un royaume dont le Chef est présentement assis à la droite du Père céleste. C'est pourquoi, ce royaume est appelé royaume des cieux. En effet, son Roi est au ciel (céleste), assis à la droite du Père.

Dans l'ancien testament, le statut des israélites n'était pas si différent. Rempli par l'Esprit, David affirma qu'il était immigrant dans une cité d'Israël dont il était pourtant le roi. David reconnaissait ainsi qu'il était un résident temporaire en Israël, au même titre que ses ancêtres. Il disait en effet :

> «*Car je suis un étranger chez Toi (Dieu), un **résident temporaire**, comme tous mes pères*» **(Psaumes 39:12)**.

Ainsi, bien que Dieu ait conduit le peuple israélite dans la terre promise, après sa sortie d'Egypte, le désir constant de Dieu était, qu'en définitive, Ses enfants entrent dans le royaume des cieux. L'Ecriture dit que la plupart des prophètes, vivant pourtant en Israël d'en bas, attendaient la cité promise, celle d'en haut. L'écriture dit en effet :

> «*C'est dans la foi qu'ils (prophètes) sont tous morts, sans avoir obtenu les choses promises, mais ils les ont vues et saluées de loin, **en confessant qu'ils étaient étrangers et résidents temporaires sur la terre. Ceux***

> *qui parlent ainsi montrent clairement qu'ils cherchent une patrie. Et s'ils avaient eu la nostalgie de celle qu'ils avaient quittée (Jérusalem d'en bas), ils auraient eu l'occasion d'y retourner. Mais en réalité **ils aspirent à une patrie meilleure, c'est-à-dire céleste (Jérusalem d'en haut)**. C'est pourquoi Dieu n'a pas honte d'être appelé leur Dieu ; car Il leur a préparé une cité»* (**Hébreux 11:13-16**).

Ainsi donc, ce qu'était Israël dans l'ancienne alliance, c'est le monde actuel qui attend le retour du Christ. Comme dans l'ancienne alliance, les israélites étaient des résidents temporaires en Israël, attendant la cité céleste promise, les chrétiens vivant dans ce monde sont des résidents temporaires, attendant l'avènement du royaume des cieux.

David, chrétien avant la lettre. Plusieurs éditions du Nouveau Testament accordent une place aux Psaumes de David, grande figure de l'Ancien Testament. Jésus-Christ était considéré en Israël comme une figure posthume du roi David, car on L'appelait "Fils de David". David lui-même, rempli d'Esprit-Saint, disait «*Heureux le peuple dont Dieu ne tient pas compte des péchés*». Il parlait ainsi du peuple chrétien car les israélites, du temps de David, étaient soumis à la purification par le sang des animaux. C'est que, par anticipation, David savait qu'il existait un peuple dont Dieu ne tenait pas compte de leurs péchés. De quel peuple s'agit-il si ce n'est le peuple chrétien ? On notera que Dieu interrompit la mission de Moïse et d'Aaron après l'affaire des eaux de Mara. Moïse et Aaron moururent alors que David, auteur du meurtre de son général Urie le Hitite, s'en tira avec un blâme, certes terrible, mais sans peine de mort. David était donc déjà un chrétien avant la lettre dont les péchés furent pardonnés. Mieux, dans ses psaumes, il s'adresse aux nations et les exhorte à louer Dieu pour Sa bienveillance. David ne limitait donc pas les bénédictions de Dieu au seul cercle biologique juif. Il les ouvrait à toutes les nations.

Correspondances entre le corps du chrétien et le temple de Moïse

> «*Ne savez-vous pas que **vous êtes le temple de Dieu**, et que l'Esprit de Dieu habite en vous ?*» **1 corinthiens 3:16**.

> «*Ne savez-vous pas ceci : **votre corps est le temple du Saint-Esprit** qui est en vous et que vous avez reçu de Dieu, et vous n'êtes pas à vous-mêmes ?*» **1 Corinthiens 6:19**.

Il ne fait aucun doute que l'Ecriture considère le chrétien, né de nouveau, comme le temple de Dieu, le temple du Saint-Esprit. Qu'en est-il réellement si l'on compare ce chrétien au temple de Moïse ?

Dans le temple de Moïse, il y avait un chandelier constamment allumé devant l'arche de Dieu. Jésus-Christ a dit du chrétien qu'il est la lumière du monde (**Matthieu 5:14**). Par cette lumière, le chrétien reflète l'image de Dieu qui est Lui-même Lumière. Le chrétien éclaire les hommes et femmes de ce monde. Dans le sanctuaire, il y avait aussi un brûle-parfum ou table des parfums odoriférants. Selon l'écriture, le parfum est constitué des prières des saints (**Apocalypse 5:8, 8:4**). Le chrétien est connu comme un sacrificateur offrant sans cesse des prières à Dieu. Il y avait enfin dans le sanctuaire, la table des pains de proposition qui, aujourd'hui, représentent la nourriture spirituelle des saints. L'Ecriture dit en effet que *l'homme ne se nourrira pas seulement de pain, mais de toute parole sortie de la bouche de Dieu*. Par ailleurs, Jésus-Christ est le pain de vie. Il invite les chrétiens à manger Son corps et à boire Son sang lors de la cène. A cette occasion, l'Ecriture considère tous les chrétiens comme faisant partie d'un même pain. En faisant du chrétien Son ambassadeur sur terre avec pour mission de répandre la bonne nouvelle pour réconcilier le monde avec Dieu, Jésus fait aussi de lui, le dispensateur du pain de vie.

Ainsi le chrétien incarne, par sa vie, tous les ingrédients du temple de Moïse : le chandelier, l'autel des parfums et la table des pains de proposition.

Le chrétien étant le temple de Dieu, le temple du Saint-Esprit, il doit considérer sa sanctification comme l'unique entreprise qui vaille. Autant un chef d'entreprise assure le bon fonctionnement des différentes composantes de sa société, des matières premières aux produits finis, autant le chrétien, né de nouveau, doit veiller sur sa sanctification comme la plus grande entreprise qu'il ait connue. Le chrétien doit ainsi soumettre toute sa vie à Dieu. Il s'agit, de manière non exhaustive, de sa santé, son travail, sa retraite, ses relations, sa femme et ses enfants, son apparence, ses rêves et ambitions, ses indispositions et angoisses, ses malheurs, ses joies, ses perspectives, sa vie et sa mort, etc.

Les moqueries d'Ismaël sur Isaac et les moqueries du monde sur les chrétiens

Dire que le monde se moque des chrétiens est un fait banal. C'est une vérité des saintes Ecritures. L'Ecriture dit qu'Ismaël, fils de l'esclave Agar, rit en observant son demi-frère Isaac, fils de Sara, femme d'Abraham. Cette posture d'Ismaël irrita fortement Sara qui, en représailles, exclut Ismaël de l'héritage d'Abraham. L'histoire d'Israël, depuis sa création, est riche de moqueries provenant de leurs voisins. Certains leur demandèrent même de crever leurs yeux comme preuve de leur capitulation.

Dieu rappela régulièrement aux israélites, qu'en dehors de Lui, ils étaient les derniers des peuples, un *peuple à la nuque raide*. Sans Dieu, jamais ils ne seraient sortis de la servitude égyptienne pour entrer dans la terre promise.

Les chrétiens ne doivent pas être surpris des moqueries du monde à leur égard. Autant les moqueries proférées contre Israël par les philistins (Goliath), les syriens, les moabites et les édomites se retournèrent contre leurs auteurs, autant les chrétiens ne doivent pas se méprendre lorsqu'ils sont moqués dans le monde. Ces moqueries reflètent souvent le dépit du monde face à ces *fous de Dieu* qui triomphent par la foi.

Deuxième partie : JUSTICE, CONDAMNATION ET GRACE
Autres correspondances entre Ancien et Nouveau Testaments

Face aux moqueries, le Seigneur enjoint Ses chrétiens à se réjouir sans cesse. Jésus dit en effet :

> «*Heureux serez-vous, lorsqu'on vous insultera, qu'on vous persécutera et qu'on répandra sur vous toute sorte de mal, à cause de Moi.* **Réjouissez-vous et soyez dans l'allégresse, parce que votre récompense sera grande dans les cieux**, *car c'est ainsi qu'on a persécuté les prophètes qui vous ont précédés*» (**Matthieu 5:11-12**).

Lorsque les apôtres furent molestés par les membres du clergé juif, après la résurrection du Christ, ils étaient *joyeux d'avoir été jugés dignes de subir des outrages pour le Nom du Seigneur* (**Actes 5:41**).

Les chrétiens ne doivent donc pas être surpris du mépris du monde à leur égard. La vie chrétienne rime avec des moqueries à endurer de la part de *ceux (païens) qui périssent*.

Deuxième partie : JUSTICE, CONDAMNATION ET GRACE

Le légalisme aveugle dans les églises : les chrétiens de Laodicée

> «*Parce que tu dis : Je suis riche, je me suis enrichi et je n'ai besoin de rien, et **parce que tu ne sais pas que tu es malheureux, misérable, pauvre, aveugle et nu**, Je (Jésus) te conseille d'acheter chez Moi de l'or éprouvé par le feu, afin que tu deviennes riche, et des vêtements blancs, afin que tu sois vêtu et que la honte de ta nudité ne paraisse pas, et un collyre pour oindre tes yeux, afin que tu voies*» **Apocalypse 3:17-18.**

Qui est mon prochain ?

Je me rappelle d'un épisode dramatique de ma vie, au cours duquel je me suis retrouvé dans une réelle détresse. A ma grande surprise, ceux dont j'espérais un secours se sont esquivés, tandis que ceux dont je n'attendais rien m'ont agréablement surpris. Pour être honnête, un tel scénario est assez courant dans la vie. Mais cela devient bizarre lorsque les chrétiens sont les principaux protagonistes de l'affaire, car c'était bien mon cas. C'est après ces événements que le Seigneur raviva en moi la question suivante : Qui est ton prochain ? J'aurais bien voulu relativiser l'attitude de ces chrétiens défaillants, mais la question devint si persistante que je décidai de l'examiner en profondeur. C'est ce qui ressort de ma modeste expérience avec le Seigneur. Lorsqu'Il maintient une question persistante, je dois la creuser pour me soulager. C'est alors qu'il me vint en mémoire ce passage des Ecritures où Jésus est interpellé sur la même question (**Luc 10:29-39**). Et là, je découvre les coulisses de l'histoire du "bon samaritain" terme que le monde utilise pour décrire un homme bon, venant en aide aux nécessiteux. Ça c'est le monde. Mais en relisant le texte de cette parabole, il va davantage au-delà de l'aide à une personne en détresse. Car la véritable question, derrière la parabole du *bon samaritain*, ce n'est pas l'aide aux nécessiteux, mais plutôt : Qui est ton prochain ?

Ceux dont j'attendais un soutien occupaient des charges ecclésiastiques. Tandis que les autres étaient des membres de l'église sans attribution. C'est alors que le Seigneur me fit comprendre que les personnes importantes de l'église symbolisaient le sacrificateur et le lévite de la parabole. Ces derniers ne firent pas attention à l'homme tombé au milieu des brigands. Tandis que ceux dont je n'attendais quasiment rien, peu visibles dans l'église, symbolisaient le samaritain de la parabole. Pendant plusieurs semaines, la question meubla mes pensées. C'est alors que j'ai découvert un côté sombre de la vie des chrétiens : le légalisme qui les empêche de voir la vérité comme le Seigneur la voit. Car le plus triste est de rechercher des excuses et, surtout, de se cacher derrière la loi pour justifier l'inaction. Pour mieux expliquer la profondeur du mal, une évocation de certains faits de l'Ecriture est nécessaire.

David, en détresse, mangea les pains destinés, par la loi, aux sacrificateurs lévitiques (1 Samuel 21:4-7). Selon la loi de Moïse, David, de la tribu de Juda comme ceux qui l'accompagnaient, n'était pas autorisé à consommer du pain consacré, réservé aux seuls sacrificateurs lévitiques. Pourtant le sacrificateur du lieu saint passa outre cet interdit pour nourrir un homme en détresse. Le sacrificateur aurait pu invoquer la loi de Moïse pour se rétracter. Mais il ne fit pas valoir cet argument et permit à David de retrouver des forces. Jésus rappela cet épisode pour réfuter le légalisme de ceux qui Lui reprochaient de faire des miracles pendant le Sabbat. Jésus dit à Ses interlocuteurs :

> «*N'avez-vous pas lu ce que fit David, lorsqu'il eut faim, lui et ses gens, comment il entra dans la maison de Dieu, et mangea les pains de proposition, que **ni lui, ni ceux qui étaient avec lui, mais les sacrificateurs seuls, avaient la permission de manger ?***» (**Matthieu 12:3-4**).

Jésus, malgré le Sabbat, a guéri de nombreuses personnes en détresse. Plusieurs Juifs reprochaient à Jésus Ses guérisons pendant le Sabbat. Pour Sa défense, Jésus soutenait que les sacrificateurs étaient autorisés à violer le Sabbat lorsqu'ils étaient en détresse (**Matthieu 12:5**). C'est donc en dénonçant leur hypocrisie que Jésus les accusa de faire deux mesures pour un même poids. Pour Jésus, devant Dieu, il n'y avait pas une justice pour les sacrificateurs lévitiques et une justice pour le reste du peuple. Par exemple, il n'y a pas de raison que la femme du sacrificateur soit accouchée pendant le Sabbat, et que cette mesure ne soit pas appliquée à une femme du peuple.

Ces deux exemples montrent comment des chrétiens peuvent se réfugier derrière le légalisme pour priver d'amour les personnes en détresse. C'est à ces chrétiens légalistes que Jésus dit : «*Parce que tu dis : Je suis riche, je me suis enrichi et je n'ai besoin de rien, et parce que tu ne sais pas que tu es malheureux, misérable, pauvre, aveugle et nu*, *Je (Jésus) te conseille d'acheter chez Moi de l'or éprouvé par le feu, afin que tu deviennes riche, et des vêtements blancs, afin que tu sois vêtu et que la honte de ta nudité ne paraisse pas, et un collyre pour oindre tes yeux, afin que tu voies*» (**Apocalypse 3:17-18**).

L'amour couvre un grand nombre de péchés

Nous devons bien faire attention aux mots employés dans l'Ecriture. Le péché est la violation de la loi – sainteté – de Dieu, tandis que l'amour traduit la considération de la personne humaine – *Tu aimeras ton prochain comme toi-même*. Le péché rappelle toujours une règle qu'on a transgressée, telle que *tu ne tueras point*. La loi suscite la peur de transgresser. La loi est donc toujours pénalisante et négative. L'Ecriture dit d'ailleurs que «*La loi n'est pas faite pour le juste, mais pour les méchants et les indisciplinés, les impies et les pécheurs, les sacrilèges et les profanes, les parricides et les matricides, les meurtriers*» (**1 Timothée 1:9**). Mais l'amour invite à la générosité, c'est-à-dire, au désir de souffrir pour autrui. Donner aux pauvres répond au désir de venir en aide aux nécessiteux sans que l'on se fasse accuser de méchanceté, car aucune loi n'oblige à donner aux pauvres. L'amour est donc libéral et positif. Est-on autorisé à pécher ? Trois fois non. Toutefois, la loi n'interdit pas de faire la part des choses. Si en appliquant strictement la loi, on reste indifférent au sort du malheureux, c'est qu'on n'a rien compris à l'évangile de l'amour.

Deuxième partie : JUSTICE, CONDAMNATION ET GRACE
Le légalisme aveugle dans les églises : les chrétiens de Laodicée

Dieu nous demande de choisir entre l'amour et le respect strict de la loi. En fait Dieu aime l'un comme l'autre, l'amour comme l'application des lois. Toutefois, lorsqu'une âme est en détresse, et que transgresser une règle ne consiste pas à bénir l'un au détriment de l'autre, alors l'amour doit prévaloir.

Dans les exemples ci-dessus, il est clair qu'en consommant le pain que leur tribu n'était pas autorisée à consommer (**1 Samuel 21:4-7, Matthieu 12:3-4**), David et ses hommes ne faisaient de mal à personne. Dans l'exemple précis de la narration, la personne à plaindre est Dieu, l'Auteur de la loi de Moïse. Mais comme Dieu n'est pas homme à manquer du pain, comme s'Il avait faim, aucun homme ne subissait de désagrément à cause de David et de ses hommes. Ainsi l'amour consistant, ici, à donner du pain consacré à David et à ceux qui l'accompagnaient, tous en détresse, l'emportait largement sur la violation de la loi.

De même, lorsque Jésus faisait des miracles pendant le Sabbat, l'amour consistant à sauver des âmes en détresse l'emportait sur la transgression du Sabbat. Car ici, le Sabbat est celui de l'Eternel devant qui, au fond, tous les jours se ressemblent. En effet, il n'y a en Dieu l'ombre d'aucune variation, qu'il s'agisse de lundi, mardi ou dimanche, d'une heure du matin ou cinq heures du soir. En violant le Sabbat, Jésus ne portait pas atteinte à Son prochain.

Malheureusement, il existe des personnes zélées pour faire mourir le malheureux au motif qu'on veut protéger la loi, même si la transgression de la loi n'affecte personne. Dans ce cas précis, Dieu rappelle que la loi n'a pas été faite pour les justes, mais pour les méchants. C'est-à-dire que si un homme est porté à la méchanceté, et non à l'amour de son prochain, Dieu lui imposera la loi comme moyen de le discipliner. Jésus répondit aux Juifs qui L'interrogeaient sur la répudiation de la femme selon Moïse : *«C'est à cause de la dureté de votre cœur que Moïse vous a permis de répudier vos femmes ; au commencement, il n'en était pas ainsi»* (**Matthieu 19:8**). C'est donc parce que le cœur de l'homme était porté à la méchanceté qu'une telle loi fut autorisée. Le but de cette mesure était qu'une femme répudiée puisse bénéficier d'une pension alimentaire que les hommes, aveuglés par leur méchanceté, ont tendance à ignorer.

En disant : *«Depuis les jours de Jean-Baptiste jusqu'à présent, le royaume des cieux est soumis à la violence, et ce sont les violents qui le ravissent»* (**Matthieu 11:12**), Jésus envoie un message aux chrétiens légalistes en disant que ceux qui s'en tiennent aux lois, ont un engagement minimaliste envers Dieu. Ils font juste ce qui est nécessaire pour être sauvés. Ce sont les *cinq vierges folles* de la parabole du Seigneur (**Matthieu 25:1-13**). Tandis que ceux qui font preuve d'amour sont *les violents qui ravissent le royaume des cieux*. Leur amour pour Dieu couvre leurs fautes et péchés. Ils sont les *cinq vierges sages* de la même parabole.

Retenons que devant la détresse de l'homme, la loi ne peut être retenue pour justifier l'inaction. Seul l'amour doit prévaloir. En guérissant les gens en détresse pendant le Sabbat, Jésus donnait une excellente leçon de vie. Sous l'angle des pharisiens légalistes, Jésus transgressait la loi. Mais sous l'angle de l'amour, Jésus plaisait à Dieu. C'est Lui qui avait raison. En toute honnêteté, de nombreuses personnes dissimulent leur méchanceté derrière la loi pour ne pas poser un acte d'amour. Le fait est que ces personnes sont méchantes. Quand bien même la loi serait positive sur la question, ces méchants trouveraient un autre prétexte pour ne pas pratiquer l'amour.

Jésus est-Il contre Moïse ? Non car, à plusieurs reprises, dans l'évangile selon Marc, Jésus débutait Ses réponses par «*Que dit Moïse ?*», une façon de dire qu'Il S'inspirait d'abord de Moïse. Toutefois, Jésus appliquait la loi avec amour et discernement, contrairement à ceux qui les appliquent aveuglement, quand les hommes sont en détresse. Toute la différence est dans ce mot : amour.

Les chrétiens et leurs anciens péchés

Avertissement du présent sous-chapitre. Je dois à la vérité de dire qu'il existe deux courants de pensées autour de la purification des anciens péchés. Certains soutiennent qu'une fois sauvé, le chrétien est purifié de tous ses péchés sans qu'il y ait besoin d'œuvrer à leur purification. Et d'autres, sans remettre en cause l'assertion précédente, soutiennent qu'il faut les examiner, une à une, et les confesser. Pour ne rien cacher, le Seigneur interdit les discussions philosophiques autour de Sa parole. L'apôtre Paul exhortait son collaborateur Timothée à les éviter (**1 Timothée 1:4, 2 Timothée 2:23**). Cela est d'autant plus vrai que le Seigneur a doté les chrétiens du Saint-Esprit. C'est la recommandation que je fais par rapport à ce qui va suivre. Chacun doit avoir la paix de l'Esprit lorsqu'il parcourt les Ecritures et lit les livres chrétiens. Car l'Esprit ne ment pas. Lorsque l'Esprit n'est pas d'accord, Il le fait savoir selon une démarche propre à chacun. Je veux dire que l'Esprit a une manière spécifique de s'adresser aux chrétiens selon qu'on a été appelé prophète ou enseignant ou docteur ou pasteur ou président ou apôtre ou voyant ou visionnaire, etc. Mon avis est que les deux courants ont raison. Cependant il ne faut pas oublier que chaque péché a une histoire et que, malheureusement, les chemins de la conversion diffèrent d'un chrétien à l'autre. Certains sont passés par une conversion rigoureuse, d'autres, en revanche, pas du tout alors que tous sont chrétiens, nés de nouveaux, baptisés de l'Esprit de Christ. Rejeter un courant, par pur endoctrinement, relève de l'égoïsme. Un chrétien doit, avant tout, s'interroger sur la pertinence d'un enseignement selon son propre appel dans la bergerie du Christ. S'il est concerné, tant mieux, il est béni par le message reçu. S'il n'est pas concerné, inutile de condamner le message. Qu'il ait l'humilité de le laisser à ceux qui sont concernés, car c'est à juste titre qu'un serviteur parle au nom du Seigneur.

> «*Mais celui qui ne les possède pas (fruits de l'Esprit) est un aveugle, il a les yeux fermés, il a mis en oubli* **la purification de ses anciens péchés**» **2 Pierre 1:9**.

Hélas, deux fois hélas, de nombreux chrétiens prêtent à Dieu ce que l'Ecriture n'a pas dit. Selon une interprétation de l'Ecriture, une fois que le chrétien a été régénéré, il en a fini avec tous ses péchés car le sang de Jésus l'a purifié de tous ses péchés. Littéralement, on a raison de penser ainsi. Mais la déclaration de Pierre semble suggérer une position de foi que l'Ecriture (**Hébreux 11:1**) définit comme *l'assurance de ce qu'on espère* (et qu'on ne possède pas effectivement) *et la démonstration de ce qu'on ne voit* *pas* – quand ce qu'on a espéré devient effectif. Ici, l'apôtre Pierre reproche à certains chrétiens d'avoir OUBLIE *que leurs anciens péchés furent purifiés*. C'est-à-dire qu'en réalité, ces anciens péchés sont de retour. Les anciens péchés reviennent car de nombreux chrétiens pensent que la conversion est une sorte de dette qu'on acquitte une fois pour toutes. Pour le Seigneur, la sanctification ne se limite pas au jour de la conversion, au moment de l'acte de repentance. L'acte de repentance est le début d'un processus graduel, qui débute le jour de la régénération du chrétien, et se poursuit dans une sanctification incessante jusqu'à la fin du monde – *Veillez et priez*. Mais de nombreux chrétiens croient que le Seigneur a juste besoin qu'on Lui confesse qu'on s'est égaré, qu'on a péché, puis terminé ! Quand on se repent, on reconnaît devant le Seigneur qu'on n'avait jamais marché comme il fallait. D'où alors la nécessité de poursuivre la sanctification pour être toujours agréable au Seigneur. C'est pourquoi, deux versets plus haut, l'apôtre Pierre interpelle les chrétiens en disant :

> «***Faites tous vos efforts*** *pour joindre à votre foi la vertu, à la vertu la connaissance, à la connaissance la maîtrise de soi, à la maîtrise de soi la persévérance, à la persévérance la piété, à la piété la fraternité, à la fraternité l'amour*» (**2 Pierre 1:5-7**).

Si donc ce travail de sanctification fait défaut chez un chrétien, il retombera dans ses anciens travers, alors qu'il a l'assurance d'avoir été purifié de ses anciens péchés. Nous allons percer ce mystère dans les lignes suivantes.

Il existe, dans les églises, une forte tendance à ne pas se soucier des péchés commis, jadis, dans le monde, au motif que Jésus a pardonné et oublié. Il s'agit, de manière précise, des relations avec les puissances occultes dans la divination, les pactes de sang des ancêtres. Très souvent, ceux qui réfutent la nécessité de purifier les anciens péchés, n'ont pas la même histoire que les personnes concernées (ignorance), ou poursuivent des buts inavoués. Le fait est que, si dans une transaction particulière, l'on s'est expressément compromis avec le diable, il va falloir briser ce lien de compromission de manière formelle et non de manière générale. C'est-à-dire qu'il va falloir dénoncer ouvertement ce pacte et y renoncer devant Dieu qui agréera la prière de la foi. Tout péché a une histoire que le diable exploite pour affaiblir la foi des élus. Supposons qu'un péché ancien ait provoqué une maladie dont on a été miraculeusement guéri. Longtemps après cette guérison, il peut arriver que le diable provoque des symptômes suffisamment visibles pour créer le doute et convaincre le miraculé d'une rechute. Celui qui sait que la guérison fut obtenue en dénonçant ouvertement le péché ancien devant Dieu, verra la main du diable derrière ces symptômes. Il condamnera les ruses du diable et les symptômes disparaitront. Mais celui qui n'a jamais rien dénoncé, s'enfoncera dans le doute, retournera à l'hôpital où le diable dispose de plus d'une astuce pour brouiller les instruments et appareils de laboratoire. Il me revient qu'une sœur septuagénaire, louant Dieu de l'avoir délivrée de deux cancers, avait revécu, des années plus tard, les symptômes d'un des cancers. Au lieu de dénoncer les ruses de l'ennemi, elle retourna à l'hôpital. Après plusieurs séances de chimiothérapie, alors que sa situation empirait irréversiblement, plusieurs chrétiens du monde élevèrent des supplications au Seigneur qui fit grâce. J'eus l'occasion d'échanger avec cette sœur, quelques mois après sa convalescence, pour lui exprimer mes réserves sur son choix de retourner à la chimiothérapie dès l'apparition des symptômes. Elle aurait dû, lui dis-je, s'en tenir à son ancienne guérison miraculeuse pour dénoncer les mensonges de l'ennemi. Car finalement, ce n'est pas la chimiothérapie qui sauva la septuagénaire, mais la prière des saints. Si elle s'était contentée de dénoncer les ruses du diable, elle aurait été guérie plus tôt grâce à la prière de la foi, et on aurait évité tout ce gâchis. La chimiothérapie est onéreuse et physiquement ruineuse. Je fais cette conclusion car j'ai été miraculeusement guéri d'une maladie dont les symptômes réapparurent douze années après. Il faut dire que quatre années après ma première guérison, le Seigneur m'avait donné confirmation que ma maladie n'était plus que de l'histoire ancienne. C'est sur la base de cette assurance que, par la prière de la foi, dénonçant les ruses du diable, ces symptômes disparurent. Si je n'avais pas eu la foi en cette première guérison, je serais retourné à l'hôpital et Dieu sait ce qui se serait passé. Une chose est sûre, le service médical ne serait pas resté inactif à la vue des symptômes, et je devine que c'est ce que le diable souhaitait. Il fut éconduit à la gloire de Dieu. Amen ! Il n'est pas dit que ces symptômes ne réapparaîtront plus, même si, en écrivant le présent livre, le dernier symptôme remonte à plus de treize ans. Je peux rassurer, qu'en cas de réapparition, je maintiendrai la même attitude de foi. C'est le lieu de rappeler, pour rassurer le lecteur, que je connais une sœur, septuagénaire elle-aussi, qui vit encore aujourd'hui avec un cancer de sang vieux de plus de cinquante ans. Elle a toujours triomphé des multiples tentatives de déclenchement des symptômes par le diable. Cette sœur possède un ministère puissant de guérison et de délivrance qui a sauvé beaucoup de gens dans le monde.

Analysons encore les propos de l'apôtre dans le passage **2 Pierre 1:5-9**. L'apôtre Pierre invite, ici, ses contemporains à maintenir une sanctification intensive afin de *joindre à la foi la vertu, à la vertu la connaissance, à la connaissance la maîtrise de soi, à la maîtrise de soi la persévérance, à la persévérance la piété, à la piété la fraternité, à la fraternité l'amour*. L'apôtre explique pourquoi le chrétien doit entretenir une telle veille spirituelle : c'est afin de régler tous les problèmes liés aux anciens péchés. Les *anciens péchés* sont en effet ceux qui furent commis avant la conversion à Christ. L'aveuglement de certains chrétiens, aujourd'hui, nous rappelle ceux qui contestaient déjà cette réalité du temps de l'apôtre Pierre. Car déclare-t-il : *Celui qui ne les possède pas est un aveugle, il a les yeux fermés*. Il est donc clair que ce message rencontrait déjà une résistance chez plusieurs chrétiens du premier siècle de la foi.

Les chrétiens qui veulent maintenir une sanctification de qualité, doivent prendre au sérieux cet avertissement de l'apôtre Pierre. Il nous faut encore rappeler que, si les parents sont complices de leurs enfants selon la chair, et à raison, tel n'est pas le cas du Père des chrétiens : Il ne tolère pas le péché et ne sera jamais complice de Son enfant lorsque celui-ci pèche. Moïse fut puni pour avoir transgressé la loi de Dieu. David également. Tout chrétien qui enfreint la loi de Dieu, doit savoir que le Père ne sera jamais son complice. Dieu pardonnera mais ne tolèrera pas. *Il pardonne la faute, le péché et le crime,* **mais ne tient pas le coupable pour innocent**. L'apôtre Paul mettait ses contemporains en garde contre les dangers des péchés délibérés en disant *qu'il est terrible de tomber dans les mains du Dieu vivant.* (**Hébreux 10:31**).

Là où est l'Esprit, là est la liberté

> «*Or, le Seigneur, c'est l'Esprit ; et **là où est l'Esprit du Seigneur, là est la liberté**»* **2 Corinthiens 3:17**.
>
> «*Jusqu'à présent, vous n'avez rien demandé en Mon nom. **Demandez et vous recevrez, afin que votre joie soit complète**»* **Jean 16:24**.
>
> «*O Timothée, garde le dépôt, en évitant les discours vains et profanes, et les **disputes de la fausse science**»* **1 Timothée 6:20**.

S'il y a une chose qui me frappa au début de ma conversion, c'était l'écart entre ce que je lisais dans les Ecritures, et ce que je voyais chez les chrétiens. Un regard rapide permettait de s'en rendre compte, d'abord prudemment, puis avec certitude. Avec le temps, j'ai su que les modes de conversion variaient d'un chrétien à l'autre. S'il y a un dénominateur commun que je m'attendais à voir chez les chrétiens, c'était le sérieux qu'ils devaient mettre à pratiquer la parole de Dieu. Mais pour une raison que j'ignore, nous en étions loin, et c'est toujours le cas aujourd'hui.

Jésus a dit que Ses disciples et ceux qui viendraient au loin, par la force de la prédication, feraient les miracles qu'Il avait faits, et même davantage. C'est loin d'être le cas deux mille ans après la crucifixion. J'ai eu à me poser de nombreuses questions sur la raison de tout cela. Une chose me revient régulièrement à l'esprit, c'est la timidité et la retenue des chrétiens, comme s'ils avaient peur d'être ce qu'ils sont supposés être. Et c'est ici qu'intervient l'exhortation de l'apôtre Paul disant : *Là où est l'Esprit du Seigneur, là est la liberté.*

De quelle liberté s'agit-il ? Il s'agit de la liberté de Jésus durant Son passage sur terre. Sur ce point, les chrétiens sont à blâmer pour les restrictions qu'ils s'imposent, sous la pression du monde. Le monde est si omniprésent que les chrétiens sont conquis aux lois et règlements des hommes. Les chrétiens n'osent pas défier ces lois. Ils les subissent alors que Jésus ne les subissait pas. Jésus pouvait ainsi guérir les malades pendant le Sabbat, stopper une tempête, multiplier le pain, ressusciter les morts, guérir les lépreux et les aveugles. Pourquoi ? Parce qu'Il était libre. Les chrétiens sont libres car ils ont l'Esprit du Seigneur.

Aujourd'hui, de nombreuses églises ne pratiquent pas l'imposition des mains aux malades. Sans avoir mené une enquête approfondie sur la question, je présume que c'est parce que les chrétiens bénéficient, comme beaucoup, de l'assurance maladie – du moins dans les pays où elle est garantie aux citoyens. Alors rien de mieux que de foncer chez le médecin qui n'exigera pas d'argent grâce à cette assurance. Il est triste de voir les chrétiens faire comme si les soins gratuits rendaient ineffective la prière de la foi. En fait, les chrétiens prient mais font confiance à la médecine plus qu'aux miracles que le Seigneur a pourtant promis à ceux qui croiraient en Son nom.

La même réflexion est valable pour les nombreux autres défis que les chrétiens affrontent dans la vie. Ces derniers ont tendance à appliquer les règles de la science. Ils oublient que Jésus alla contre la science et le bons sens lorsqu'Il calma la tempête, ressuscita les morts, multiplia les pains, ouvrit les yeux des aveugles, les oreilles des sourds et la bouche des muets. En disant que *«Là où est l'Esprit du Seigneur, là est la liberté»*, l'apôtre Paul fait allusion à la même liberté que celle de Jésus pendant ces miracles. Il est donc triste que le premier réflexe des chrétiens soit guidé par la science, la technologie et la logique.

Loin de nous d'affirmer que la médecine, les procédures et règlements de ce monde sont vains. Jésus Lui-même n'a pas fait des miracles en toutes circonstances. Les miracles qu'Il signa avaient une portée pédagogique dans la mission que le Père Lui avait confiée. Toutefois, il est triste que devant des situations difficiles, assez fréquentes, les chrétiens n'aient pas le réflexe d'invoquer le nom du Seigneur avant toute aide extérieure, à charge pour le Seigneur d'indiquer la meilleure option.

L'apôtre Paul mettait en garde contre la *fausse science* (**1 Timothée 6:20**) car contraire à la foi. Au temps de l'apôtre, ce qu'on appelait alors *fausse science* venait de la Grèce antique où les "scientifiques" invitaient à se détourner des religions au profit de la raison. Selon la définition de la foi, il y a antagonisme entre la foi et la science. Les deux notions sont contraires l'une de l'autre. Si l'apôtre Paul vivait aujourd'hui, il inviterait les chrétiens à faire confiance à la foi plus qu'à la science des hommes. Non pas que la science n'apporte rien, mais parce que les chrétiens sont invités à marcher par la foi et non par la vue – science par l'observation.

*Du sacerdoce lévitique au sacerdoce du Christ, la lumière sur
le salut par la grâce au moyen de la foi
– Sur le fondement des apôtres et des prophètes –*

L'Ecriture déclare que «*L'amour du monde est inimitié contre Dieu?*» (**Jacques 4:4**) et que «*Si quelqu'un aime le monde, l'amour du Père n'est pas en lui*» (**1 Jean 2:15**). Il s'agit bien du monde avec ses lois. Aussi Dieu exige-t-Il de Ses enfants qu'ils marchent par la foi et non par les lois et règles de ce monde. Il n'y a rien de mal aux lois et règles du monde. Mais le Seigneur Dieu dit que le chrétien, qui s'en tient à cela, n'est pas Son ami. Un chrétien qui marche uniquement selon les règles de ce monde se retrouvera dernier. En effet l'Eternel disait au peuple d'Israël, qu'en dehors de Lui, il était le *dernier des peuples*. De même, en dehors du Seigneur et de la foi, le chrétien est le dernier des hommes. Sans le Seigneur, le chrétien ne peut rien faire (**Jean 15:5**), il est le dernier des hommes sur la terre. Jésus a rendu le chrétien libre seulement par l'Esprit qui habite en lui.

Pratiquer une sanctification intensive en se soumettant au Seigneur

«*Asa fit ce qui est droit aux yeux de l'Éternel, comme David, son père (...)* **Mais les hauts lieux ne disparurent pas,** *quoique le cœur d'Asa fût entièrement à l'Éternel pendant toute sa vie*» **1 Rois 15:11 ; 15:14.**

«*Josaphat marcha dans toute la voie de son père Asa et ne s'en écarta pas, faisant ce qui est droit aux yeux de l'Éternel.* **Toutefois les hauts lieux ne disparurent pas : le peuple offrait encore des sacrifices et des parfums sur les hauts lieux**» **1 Rois 22:43-44.**

«*Joas fit ce qui est droit aux yeux de l'Éternel tout le temps qu'il suivit les instructions du sacrificateur Yehoyada.* **Toutefois, les hauts lieux ne disparurent pas ; le peuple offrait encore des sacrifices et des parfums sur les hauts lieux**» **2 Rois 12:1-2.**

*Du sacerdoce lévitique au sacerdoce du Christ, la lumière sur
le salut par la grâce au moyen de la foi
– Sur le fondement des apôtres et des prophètes –*

Rechercher toute cause de souillure spirituelle

Les trois extraits ci-dessus décrivent le type de rapport que certains rois de Juda entretenaient avec l'Eternel Dieu. Une dévotion globalement satisfaisante, qui leur garantissait paix et prospérité pendant leur règne. Cependant, il existe un détail assez curieux, résumé par ce bout de verset : «*Toutefois, les hauts lieux ne disparurent pas*». Bien que de nombreux rois de Juda aient eu des rapports globalement satisfaisants avec le Très-Haut, il existait toujours un point de friction avec Dieu. C'était la présence des hauts lieux pour divinités étrangères que les rois d'Israël toléraient. Selon l'Ecriture, Salomon fut entraîné dans cette idolâtrie par ses nombreuses épouses étrangères, ce qui poussa Dieu, en représailles, à priver la dynastie de David de la royauté sur dix des douze tribus d'Israël. Les dix tribus retirées à cette royauté formèrent la Samarie ou Royaume du Nord.

Que représentait Israël aux yeux de Dieu ? Israël était ce territoire où Dieu avait logé la descendance biologique d'Abraham, un territoire où, jadis, habitaient les peuples dont les pratiques divinatoires irritaient Dieu. En y faisant résider les fils d'Abraham, Dieu mit Israël en garde contre ces anciennes pratiques abominables, de peur qu'Israël ne dépérisse comme ces anciens occupants. Mais Israël ne fut pas attentif à cet avertissement. Ainsi plusieurs de leurs rois poussèrent le peuple à adorer des divinités étrangères, une idolâtrie persistante qui entraîna finalement la déportation des hébreux hors de leurs frontières.

Ces exemples montrent que, même si un serviteur de Dieu a du succès dans ses entreprises, le moindre écart dans sa sanctification, si infime soit-il, peut provoquer l'irritation de Dieu au point que, lassé d'attendre une repentance qui ne vient pas, Sa colère éclate avec des conséquences terribles. L'Ecriture relate un événement qui eut lieu à l'époque du roi David: «*Or, du temps de David, il y eut une famine qui dura trois années de suite. David rechercha la présence de l'Éternel, et l'Éternel dit : **C'est à cause de Saül et de sa famille sanguinaire**, c'est parce qu'il a fait périr les Gabaonites*» (**2 Samuel 21:1**). Nous sommes dans un cas où un roi paie par la faute d'un prédécesseur. David fut un roi béni de Dieu, tellement zélé que Dieu lui assura une royauté éternelle sur Israël. Cependant, en dépit de son zèle pour Dieu, et du succès de ses entreprises, Israël fut souillé par un ancien roi d'Israël, au moment où David était à peine né. Mais une souillure reste une souillure devant Dieu, qu'on soit au courant ou pas, acteur principal ou de seconde zone. Le roi d'Israël ayant péché, c'est tout Israël qui était souillé. Le roi incarnait le peuple et les péchés du roi retombaient sur le peuple.

Une faute de sanctification, comme la divination, est cause d'un processus de perversion impliquant de myriades de démons. Ces derniers maintiennent un état de souillure croissante, qui force la colère de Dieu à sévir si une purification tarde trop longtemps. Car tout chrétien doit maintenir une veille spirituelle – *Veillez et priez !* – afin de déloger les démons de son territoire. La suite des trois versets ci-dessus montre que la pression démoniaque, causée par la présence des hauts lieux, eut raison du royaume d'Israël qui explosa de toutes parts. Israël du Nord, alias Samarie, fut déporté en Assyrie, tandis qu'Israël du Sud, alias Juda, subissait le même sort vers la Babylone.

Les "*hauts-lieux*" et les "*arbres verdoyants*" sont les souillures cachées qu'on néglige et omet de traiter dans le processus de sanctification. Le chrétien a tout intérêt à demander à Dieu de sonder ses reins et son cœur pour lui indiquer toute souillure oubliée, susceptible de compromettre sa sanctification. L'histoire du royaume de Juda indique que Josias, l'un des derniers rois avant la déportation, s'était rendu compte de l'erreur de ses ancêtres. L'Eternel lui fit dire, par la bouche d'une prophétesse, que Sa colère était à son comble et que la déportation de Juda était irrévocable. Néanmoins, l'Eternel accorda à Josias qu'il ne verrait pas ces malheurs de son vivant. Le chrétien a donc intérêt à rechercher activement, pour les rectifier, les poches de non-sanctification qui irritent le Seigneur, avant que des événements dramatiques ne se produisent dans sa vie. En suppliant le Seigneur de lui révéler les souillures qui plombent sa vie et sa croissance spirituelle, le chrétien découvrira ces zones d'ombre en vue de la purification.

Nécessité d'une sanctification intensive

Les Ecritures relatent encore une tragédie survenue entre Dieu et Israël, pendant le règne de David. Une tragédie qui se solda par la mort de soixante-dix mille personnes du peuple. Cette tragédie débute par le verset suivant :

> «*La colère de l'Éternel s'enflamma de nouveau contre Israël. Elle excita David contre eux (peuple) en disant : Va, fais le recensement d'Israël et de Juda*» (**2 Samuel 24:1**).

Et se termine par :

> «*L'Éternel envoya la peste en Israël, depuis le matin jusqu'au temps fixé ; et, de Dan à Beér-Chéba, il mourut 70 000 hommes parmi le peuple*» (**2 Samuel 24:15**).

Nous faisons face, ici, à la colère divine qui excite un des plus fervents serviteurs de Dieu à la faute. Ceci doit être bien compris par le chrétien. Sa sanctification doit être intensive et méticuleuse, de peur que des incidents, comme ceux relatés ci-dessus, ne viennent accabler son existence de défaites.

Il est quasi impossible que cela n'arrive pas. Mais le peuple de Dieu peut anticiper en demandant instamment à Dieu de lui révéler les zones d'ombre où la sanctification est nécessaire. Notons que Dieu prend un énorme plaisir à voir Ses enfants se soucier de leur sanctification. Car plus la sanctification avance, plus les plans du diables sont éventrés. Plus les chrétiens sont en réussite, plus les païens sont ouverts à la conversion.

Recevoir la bénédiction des parents et saisir toutes opportunités de bénédictions

> «*Enfants, obéissez à vos parents selon le Seigneur, car cela est juste.* **Honore ton père et ta mère (...) afin que tu sois heureux**

> *et que tu vives longtemps sur la terre»* **Ephésiens 6:1-3**.

> «*Si une veuve a des enfants ou des petits-enfants, qu'ils apprennent d'abord à exercer la piété envers leur propre famille, et **à payer de retour leurs parents**, car cela est agréable à Dieu*» **1 Timothée 5:4**.

> «*N'oubliez pas l'hospitalité ; car en l'exerçant, quelques-uns, à leur insu, ont logé des anges*» **Hébreux 13:2**.

Un autre terrain sur lequel les chrétiens semblent montrer une certaine négligence, concerne les bénédictions des parents selon la chair. Pour mieux éclairer ce point, quelques rappels sont utiles.

Abraham bénit Isaac, son fils. Isaac bénit Jacob, son fils cadet, au détriment d'Ésaü, l'aîné. Jacob bénit les douze tribus d'Israël. Ruben, l'aîné biologique de Jacob, perdit le droit d'aînesse au profit de son cadet Joseph après avoir souillé le lit de son père. Le roi David installa son fils Salomon sur le trône d'Israël et le bénit. Moïse bénit les fils d'Israël avant sa mort.

Il existe une guerre spirituelle terrible dehors. Le diable pousse insidieusement les hommes et les femmes à se mettre en position de perdre les bénédictions de leurs parents. Les chrétiens doivent

Deuxième partie : JUSTICE, CONDAMNATION ET GRACE
Pratiquer une sanctification intensive en se soumettant au Seigneur

éviter de tomber dans ce piège. Les chrétiens doivent faire attention aux cheveux blancs, récupérer leurs bénédictions avant leur départ pour l'autre monde. Jacob avertissait déjà ses enfants pour qu'ils ne le fassent pas descendre, avec amertume, dans le séjour des morts, ce qui n'aurait pas été à leur avantage. Ses enfants prirent cette menace très au sérieux. L'Ecriture le rappelle en décrivant la rencontre historique entre Joseph – réputé disparu, car vendu par ses frères lorsqu'il était adolescent – et ses frères, venus en Egypte s'approvisionner en vivres. Les frères de Joseph, ignorant qu'ils avaient à faire à leur frère disparu, dirent :

*«Ton serviteur, notre père, nous a dit : Vous savez que ma femme m'avait enfanté deux fils. L'un (Joseph) est parti de chez moi, je pense qu'il a sans doute été mis en pièces, car je ne l'ai pas revu jusqu'à présent. Si vous me prenez encore celui-ci (Benjamin, cadet de Joseph), et qu'il lui arrive un accident, **c'est dans le malheur que vous ferez descendre mes cheveux blancs au séjour des morts**. Maintenant, si je reviens auprès de ton serviteur, mon père, et si le garçon n'est pas avec nous, comme son âme est attachée à la sienne, il mourra, en voyant que le garçon n'est pas là. **Tes serviteurs auront fait descendre avec douleur dans le séjour des morts les cheveux blancs de ton serviteur, notre père**. Car ton serviteur s'est porté garant pour le garçon, en disant à mon père : Si je ne le ramène pas auprès de toi, je serai pour toujours coupable envers mon père ! Maintenant je t'en prie : Que ton serviteur reste à la place du garçon, comme esclave de mon seigneur ; et que le garçon*

> *remonte avec ses frères.* **Comment pourrai-je remonter auprès de mon père, si le garçon n'est point avec moi ? Ah ! Que mon regard ne s'arrête pas sur le malheur qui atteindra mon père !»** (**Genèse 44:27-34**).

Les bénédictions visées par les chrétiens ne doivent pas se limiter à ceux des parents. En fait, il s'agit de toutes les bénédictions accessibles sur la terre. Aussi les chrétiens se doivent de faire attention lorsqu'ils ont à faire à leurs patrons selon le monde, les propriétaires des immeubles qu'ils loueront pendant leur séjour sur la terre, etc. De bons rapports avec les patrons selon le monde et les bailleurs immobiliers sont absolument vitaux pour le séjour du chrétien sur la terre. Dieu y tient.

Les croyants de l'antiquité étaient déjà sensibles à la question des bénédictions à récupérer. Nous en dévoilerons quelques cas.

Abraham. Souvenons-nous de l'attitude d'Abraham, recevant la visite de l'ange de l'Eternel :

> «*Abraham leva les yeux et regarda : trois hommes étaient debout près de lui. Quand il les vit, il courut à leur rencontre, depuis l'entrée de sa tente, se prosterna en terre et dit :* **Seigneur, si je peux obtenir cette faveur de ta part, ne passe pas, je te prie, loin de ton serviteur. Qu'on apporte donc un peu d'eau, pour vous laver les pieds !**

> *Reposez-vous sous cet arbre. J'irai prendre un morceau de pain, pour vous réconforter ; après quoi, vous passerez (votre chemin); ainsi vous ne serez pas passés en vain chez votre serviteur. Ils répondirent : Oui, fais comme tu l'as dit. Abraham alla vite dans sa tente vers Sara et dit : Vite, trois mesures de fleur de farine ; pétris et fais des gâteaux. Abraham courut vers le bétail, prit un veau tendre et bon, et le donna à un jeune serviteur, qui l'apprêta vite. Il prit encore de la crème et du lait, avec le veau qu'on avait apprêté, et il les mit devant eux. Il se tint lui-même à leurs côtés, sous l'arbre, et ils mangèrent»* (**Genèse 18:2-8**).

Dans l'exemple ci-dessus, Abraham insiste pour retenir ses trois illustres visiteurs alors qu'en général, la courtoisie veut qu'on tente de retenir un visiteur, sachant qu'il refusera et on en restera là. Ici, Abraham insiste et ses visiteurs acceptent sa proposition. Le résultat fut stupéfiant car les trois envoyés de l'Eternel annoncèrent à Abraham une bonne nouvelle, celle de la future naissance d'un fils à Sara la stérile : Isaac (**Genèse 18:9-10**).

Loth. Loth eut la même attitude que son oncle Abraham face aux mêmes envoyés de l'Eternel :

> *«Puis Loth dit : Mes seigneurs, détournez-vous, je vous prie, (pour entrer) dans la maison de votre serviteur et passez-y la*

> nuit ; lavez-vous les pieds ; vous vous lèverez de bon matin et vous poursuivrez votre route. Non, répondirent-ils, nous passerons la nuit sur la place. **Mais Loth les pressa tellement qu'ils firent un détour chez lui pour entrer dans sa maison. Il prépara pour eux un festin et fit cuire des pains sans levain, et ils mangèrent»** (**Genèse 19:2-3**).

Loth était donc conscient qu'il ne pouvait pas laisser ces hôtes précieux passer leur chemin avant de les avoir accueillis comme il le fallait. Loth était conscient de l'importance de bien recevoir ses hôtes à cause des bénédictions qui les accompagnaient.

David. L'Ecriture relate la mort d'un serviteur du roi David lors de sa première tentative de faire monter l'arche de Dieu à Jérusalem, dans la cité du roi. L'Ecriture nous dit que David craignit de faire monter l'arche de Dieu après la mort de son serviteur :

> «*David ne voulut pas prendre l'arche de l'Éternel chez lui, dans la cité de David, et il la fit conduire dans la maison d'Obed-Édom de Gath.* **L'arche de l'Éternel resta trois mois dans la maison d'Obed-Édom de Gath, et l'Éternel bénit Obed-Édom et toute sa maison.** *On fit un rapport au roi David : l'Éternel a béni la maison d'Obed-Édom et tout ce qui est à lui, à cause de l'arche de Dieu. Alors David se mit en route et fit monter l'arche de Dieu depuis la maison*

d'Obed-Édom jusqu'à la cité de David, au milieu des réjouissances» (**2 Samuel 6:10-12**).

Lorsqu'on fit rapport à David que Dieu avait béni la maison de celui qui abritait l'arche de Dieu, David comprit rapidement ce qu'il perdait en laissant la situation perdurer. Il s'empressa de faire monter l'arche de Dieu en veillant, cette fois, à ne pas reproduire la même erreur que la première fois, lorsqu'il permit à ses serviteurs, de la tribu de Juda, d'assurer un service exclusivement réservé à la tribu de Lévi, selon la loi de Moïse.

David et les messagers qui lui firent ce rapport avaient bien saisi le danger si de telles bénédictions restaient hors de portée du roi. Le trône de David, son rayonnement et la survie de sa descendance après lui, étaient en jeu.

Paul. En disant aux chrétiens : «*N'oubliez pas l'hospitalité ; car en l'exerçant, quelques-uns, à leur insu, ont logé des anges»* (**Hébreux 13:2**), l'apôtre Paul, régulièrement en mission, avait réalisé à quel point étaient bénis ceux qui pratiquaient cette hospitalité envers les saints. En fait, ceux qui ne la pratiquent pas courent le risque de perdre de nombreuses bénédictions.

Souvenons-nous de la femme Sunamite qui accueillait régulièrement le prophète Elisée, de passage dans sa cité. Un jour le prophète demanda à la Sunamite : «*Tu nous as montré tout cet empressement ; que peut-on faire pour toi ? Faut-il parler pour toi au roi ou au chef de l'armée ?».* Constatant que cette femme n'avait pas d'enfant avec son époux âgé, Elisée lui dit : «*A cette même époque, l'année prochaine, tu embrasseras un fils. (...) Cette femme devint enceinte. Elle enfanta un fils à la même époque, l'année suivante, comme Élisée le lui avait dit*» (**2 Rois 4:13, 16-17**). L'empressement et la libéralité de cette femme envers le serviteur de Dieu lui valurent une grande bénédiction, celle d'offrir un héritier à son mari âgé.

Les chrétiens sont appelés à être vigilants sur la question des bénédictions, au cœur d'importantes batailles spirituelles. Il existe de nombreux pilleurs de bénédictions au service du diable. Leur but n'est pas uniquement de porter des blessures mortelles à leurs victimes, mais aussi de voler leurs bénédictions à leur insu. Seul le Seigneur peut en donner révélation afin que Ses chrétiens préservent leurs bénédictions et saisissent toutes les autres opportunités qui se présentent à eux. Le vol des bénédictions est une activité prospère des serviteurs du diable dans le monde. Les chrétiens sont appelés à redoubler de vigilance face à ce fléau, afin de ne pas rester sur le carreau.

La voie royale. Un autre chemin d'accès aux bénédictions de Dieu est de les provoquer. David voulut offrir à Dieu un temple que Dieu n'avait pas commandé. Dieu lui reprocha d'avoir imaginé qu'une maison puisse abriter le Très-Haut. Toutefois, Dieu prit bonne note de l'amour sincère de David envers Lui. Dieu lui assura, à lui et à sa descendance, la royauté éternelle sur le trône d'Israël. Marie Madeleine offrit au Seigneur Jésus un parfum de très grand prix, que beaucoup considéraient alors comme un énorme gâchis. Jésus dit en réaction : «***Partout où cette bonne nouvelle sera prêchée, dans le monde entier, on racontera aussi***

en mémoire de cette femme ce qu'elle a fait» (**Matthieu 26:13**). N'oublions pas ce que Jésus dit à l'assistance : «*Depuis les jours de Jean-Baptiste jusqu'à présent, le royaume des cieux est soumis à la violence, et **ce sont les violents qui le ravissent**»* (**Matthieu 11:12**). David et Marie Madeleine sont parmi les violents auxquels le Seigneur Se réfère dans ce passage des Ecritures.

Ceux qui ont une consécration minimaliste verront de nombreux chrétiens les devancer. Ils seront sauvés comme au travers du feu. C'est-à-dire, les mains vides, comme s'ils avaient été sauvés d'un incendie, en catastrophe. Avouons qu'une consécration syndicale ne suffit pas. Celui qui vise une note de douze points sur vingt, court le risque de se retrouver en dessous de la barre des dix points, et c'est l'échec. Tandis que celui qui vise une note plus haute, pourra se retrouver en sécurité au-dessus de la moyenne et réussir l'épreuve. Souvenons-nous de la parabole des talents. Celui qui avait reçu un talent, alla l'enterrer. Il ne le déterra qu'à l'arrivée du maître. Ce dernier, courroucé, retira à l'employé son seul talent. Avoir une consécration à minima, c'est imiter cet employé stupide qui perdit le seul talent qu'il possédait, et courir le risque d'être sauvé comme au travers du feu.

Enfin, il nous faut apporter une précision pour que l'ennemi ne déforme pas le sens de ce message sur les bénédictions. Nous n'invitons pas ici les chrétiens à devenir des "voleurs" ou harceleurs de bénédiction. Car l'Ecriture invite aussi les chrétiens à bénir les autres, même leurs ennemis (**Matthieu 5:44, Romains 12:14**). Ce que nous déclarons, c'est que le chrétien ne doit jamais perdre l'opportunité de recevoir la bénédiction qui lui est due, sachant qu'il a aussi des bénédictions à donner. Il doit en revanche veiller à verrouiller ses bénédictions contre les ruses du diable qui

*Du sacerdoce lévitique au sacerdoce du Christ, la lumière sur
le salut par la grâce au moyen de la foi
– Sur le fondement des apôtres et des prophètes –*

ne vient que pour voler et détruire. Le but du diable consiste à transformer la bénédiction du chrétien en cendre. C'est-à-dire que le diable dérobe et ne laisse que la désolation derrière lui. Tandis que le chrétien bénit et reçoit aussi la bénédiction, *ce qu'on retient et ce qu'on relâche* selon l'Ecriture.

Précision : Le pardon de Dieu est total et parfait

Il nous faut lever toute équivoque afin que des esprits mal affermis ne détournent ce livre de sa cible par des interprétations erronées et égoïstes.

En interpellant les chrétiens sur ce qu'il ne faut pas comprendre par le pardon de Dieu *qui ne tient pas le coupable pour innocent*, en aucune façon, nous ne soutenons que le pardon de Dieu soit partiel ou conditionnel. Non, le pardon de Dieu est total et parfait. La seule nuance que nous avons introduite est qu'il ne faut pas confondre le pardon de Dieu, total et parfait, avec l'oubli de la faute pardonnée. Car Dieu pardonne mais n'oublie jamais.

Le fait de dire que Dieu ne tient pas le coupable pour innocent ne signifie pas que Dieu continue de lui imputer la faute. Autrement, il n'y aurait pas de pardon. Non, Dieu pardonne totalement et parfaitement. Mais c'est une malformation païenne que de vouloir que Dieu oublie la faute pardonnée. L'homme de ce monde, c'est connu, est un pécheur multirécidiviste à qui il arrive de reconnaître ses fautes. Lorsqu'il ne se repend pas, sa conscience l'accuse et le prive de paix et de sérénité. C'est pourquoi il tient absolument à ce que sa faute soit non seulement pardonnée, mais aussi oubliée. Mais Dieu n'a pas cette compréhension.

Au terme de l'Ecriture, il ressort que c'est la volonté de Dieu que le péché soit pardonné mais JAMAIS oublié. Le fait de ne pas oublier le péché ne signifie pas que Dieu continue d'entretenir une rancune contre le fautif. Dieu n'est pas rancunier après avoir pardonné. Cependant, Il tient à maintenir le souvenir de la faute pour Sa gloire et Sa pédagogie. Rappelons quelques exemples largement développés plus haut dans les chapitres du présent livre.

Le péché du premier Adam. Par le sang de Jésus, Dieu a parfaitement pardonné les péchés des chrétiens qui croient en Jésus-Christ. Mais Dieu n'a pas supprimé la mort chez les chrétiens, une mort instituée après le péché originel du premier Adam. Le chrétien continue de mourir comme le commun des mortels parce que Dieu conserve l'histoire du péché originel.

L'erreur de Sara, femme d'Abraham. Sara commit l'erreur de donner sa servante Agar à son mari Abraham. Le but de Sara, la stérile, était d'offrir un héritier à son mari qui soit de sa chair. Toutefois, malgré l'arrivée de l'héritier voulu par Dieu, Isaac que Sara accouchera plus tard, Dieu n'a pas, pour autant, supprimé la descendance d'Ismaël, l'héritier non désiré. Dieu a maintenu la trace de cet écart de conduite pour Ses propres raisons.

Plusieurs exemples des Ecritures peuvent être cités allant dans le même sens : l'inceste de Ruben, fils aîné de Jacob, la légèreté de Moïse près des eaux de Mara, l'adultère de David, etc. Dieu pardonna parfaitement à ces célèbres serviteurs. Toutefois, pour Sa gloire et Sa pédagogie, Dieu rappela continuellement le souvenir de leurs fautes aux générations futures.

Deuxième partie : JUSTICE, CONDAMNATION ET GRACE
Précision : Le pardon de Dieu est total et parfait

Dieu tient à maintenir l'histoire de la faute afin de montrer au diable que toutes ses œuvres obscures de destruction ne remettront jamais en cause Son plan éternel, conçu avant la fondation du monde. En maintenant l'histoire des fautes des hommes, Dieu veut montrer qu'Il est Dieu et Tout-Puissant. Qu'Il a le pouvoir de redresser le malheureux et le vil et de les faire asseoir parmi les nobles. Il a le pouvoir de racheter une prostituée et de la faire siéger parmi les femmes distinguées – cas de Rahab de Jéricho et de Marie Madeleine de Béthanie. Il a le pouvoir de faire revivre les ossements humains. Il a tous pouvoirs. Le rappel de la faute des hommes ne remet pas en cause le fait que le pardon de Dieu soit total et parfait. **Rappeler aux hommes leurs fautes pardonnées est la pédagogie de Dieu pour éviter les récidives.**

C'est la précision qu'il fallait apporter pour éviter des malentendus préjudiciables au présent livre.

Que le Seigneur Dieu bénisse le lecteur. Amen !

Sommaire détaillé

Page de titre..3
Copyright 4
Du même auteur 5
Sommaire 7
Avant-Propos 9
Introduction 15
PREMIERE PARTIE :   LOIS DIVINES OPPOSABLES AUX
HOMMES 21

Lois divines sur le caractère héréditaire de la bénédiction et de la
malédiction..27
    La bible est aussi un livre de lois 29
    Loi de la transmission héréditaire par le sang, la volonté de la chair et la volonté de
    l'homme...30
    Loi divine sur l'héritage : le fils hérite des bénédictions et des malédictions du père....31
    Loi sur l'équité dans la réparation des préjudices : dent pour dent, œil pour œil 33
    Loi sur la transmission héréditaire de la mort à la descendance adamique 35
    Hérédité de la bénédiction d'Abraham sur Isaac, Jacob et les douze tribus d'Israël 36
    Hérédité de la prêtrise dans le sacerdoce Lévitique 36
    Hérédité de la dîme payée par Abraham à Melchisédech, roi de Salem......................37
    Hérédité de la royauté éternelle promise à David 38

Deux exceptions aux lois divines sur l'hérédité du péché 39
    Surabondance de la bienveillance de Dieu sur Sa colère 39
    Exonération des sanctions pénals commises par les parents 41

Lois sur la sainteté de Dieu 43
    Loi sur la Divinité unique de Dieu 45
    Loi sur la bienveillance et la fidélité de Dieu 48

La malédiction spirituelle par contamination, ce tueur silencieux de la vie
chrétienne 51

La loi du péché et de la mort 57

Loi, justice et condamnation 61
    Premièrement : la loi 61
    Deuxièmement : la justice 62
    Troisièmement : la condamnation et la double transgression 62
    Dieu pardonne la faute, le péché et le crime mais, Il ne tient pas le coupable pour
    innocent...65

*Du sacerdoce lévitique au sacerdoce du Christ, la lumière sur
le salut par la grâce au moyen de la foi
– Sur le fondement des apôtres et des prophètes –*

Deux régimes d'application de la loi de Dieu : (i) la lettre qui tue et (ii) l'Esprit qui fait vivre 73
    Comparaison du sacerdoce lévitique et du sacerdoce de Melchisédech 77
    La loi de Moïse selon l'ancien régime ou sacerdoce lévitique (Aaron) 80
    La loi de Moïse selon le nouveau régime ou sacerdoce de Melchisédech (Jésus) ... 83
    Un abus de langage à éviter 85
    Récapitulatif des comparaisons entre le sacerdoce lévitique et le sacerdoce de Melchisédech 86

Conclusions sur la première partie 93

DEUXIEME PARTIE : JUSTICE, CONDAMNATION ET GRACE .. 97

Le sacerdoce lévitique et le régime de la condamnation 99
    La condamnation est la réponse de Dieu à toute transgression de Sa sainteté 99
    Jésus fut condamné à mort selon le régime ancien de la lettre 101
    La condamnation de Jésus, le dernier Adam, et ses conséquences pour l'humanité . 103
    Le sacerdoce lévitique met en évidence la puissance du péché chez l'homme 111
    Jésus-Christ, le Liquidateur judiciaire du passif de l'ancienne alliance 117
    De tout temps, Dieu a toujours voulu que l'homme vive par la foi 119

Grace matérielle, grâce judiciaire, grâce divine 123
    La grâce judiciaire 124
    Nul ne peut être condamné à la place d'un tiers 125
    La croix de Golgotha : Sévérité de Dieu envers Jésus et grâce envers l'homme 126
    Sauvé par la grâce au moyen de la foi 127

Revue de la doctrine de l'apôtre Paul sur la sainteté et la grâce judiciaire de Dieu 135
    Etre dégagé de la loi et de ce qui retient captif 136
    Confirmation de la loi de Moïse dans le Nouveau Testament 139
    Le drame du chrétien du chapitre 7 de l'épître de Paul aux Romains 141
    Jésus-Christ est la fin de la loi en vue de la justice pour tout croyant 145
    Si Jésus est l'Agneau de Dieu qui ôte le péché du monde, le monde est-il sauvé ? .. 147

Sainteté de Dieu au ciel et sur la terre 151
    En Sa qualité d'Eternel et Créateur, Dieu est accessible à toutes Ses créatures sans exception 151
    En Sa qualité de Père, Dieu n'est accessible qu'aux chrétiens 155
    Contrairement aux pères selon la chair, le Père céleste ne tolère aucun caprice 157
    Transgresser la sainteté de Dieu expose aux malheurs divers : maladies, infirmités, décès 159
    Que signifie : Etre justifié en Christ ? 160

Jésus-Christ a réconcilié Juifs et non-Juifs par la croix 163
    Abraham est le père d'une foule de nations 163
    Jésus-Christ est le Roi des Juifs 169
    Juifs et non-Juifs réconciliés en Christ par la croix 170

Sommaire détaillé

L'autorité gouvernementale de l'Eternel et la grâce du Père 175
    Le diable se présente devant l'Eternel mais pas devant le Père 181
    Jésus, l'Avocat des chrétiens auprès du Père 184
    L'Ecriture fait la distinction entre filiation gouvernementale de l'Eternel et filiation Parentale du Père 185

Regards séparés des Juifs et non-Juifs sur le péché et la loi 187

Le chrétien, le pardon et la grâce surabondante de Dieu 191

Jérusalem terrestre actuelle et Jérusalem céleste du futur 193

En ce qui concerne les Juifs 197
    La Jérusalem terrestre est fille d'Agar et non de Sara 197
    Les Juifs ne sont pas coupables de la mort de Jésus de Nazareth 200
    Le sacerdoce lévitique et le sacerdoce de Melchisédech sont incompatibles et ne peuvent cohabiter 202

Autres correspondances entre Ancien et Nouveau Testaments 205
    Méfiance entre Juifs et chrétiens non-Juifs 206
    Le sang des animaux de l'Ancien Testament et le sang de Jésus dans le Nouveau Testament 207
    Le temple de Dieu dans la Jérusalem d'en bas et le temple de Dieu dans la Jérusalem d'en haut 208
    Israël d'en bas et Israël d'en haut 209
    Le souverain sacrificateur d'en bas et le Souverain Sacrificateur d'en haut 210
    L'héritage des sacrificateurs du temple d'en bas et des sacrificateurs (chrétiens) du Temple d'en haut 211
    Les chrétiens sont des résidents temporaires sur terre comme David à Jérusalem ...213
    Correspondances entre le corps du chrétien et le temple de Moïse 216
    Les moqueries d'Ismaël sur Isaac et les moqueries du monde sur les chrétiens 218

Le légalisme aveugle dans les églises : les chrétiens de Laodicée 221
    Qui est mon prochain ? 221
    L'amour couvre un grand nombre de péchés 224
    Les chrétiens et leurs anciens péchés 227
    Là où est l'Esprit, là est la liberté 233

Pratiquer une sanctification intensive en se soumettant au Seigneur 237
    Rechercher toute cause de souillure spirituelle 238
    Nécessité d'une sanctification intensive 240
    Recevoir la bénédiction des parents et saisir toutes opportunités de bénédictions 241

Précision : Le pardon de Dieu est total et parfait 251

Sommaire détaillé 255

Edition, Montage infographique :
Job Daniel Jean, ministère chrétien pour l'enseignement
Photo de couverture : Auteur

Cet ouvrage a été conçu, achevé et rendu disponible à l'imprimerie
en mars 2015

N° d'édition : 01
Dépôt légal : mars 2015
Imprimé (à la demande) par CreateSpace/Amazon

www.ingramcontent.com/pod-product-compliance
Lightning Source LLC
Chambersburg PA
CBHW071308110426
42743CB00042B/1213